Ein Weihnachtsabend
mit den Brüdern Grimm

Ein Weihnachtsabend mit den Brüdern Grimm

Reclam

RECLAMS UNIVERSAL-BIBLIOTHEK Nr. 14315
2022 Philipp Reclam jun. Verlag GmbH,
Siemensstraße 32, 71254 Ditzingen
Umschlaggestaltung: zero-media.net
Umschlagabbildung: FinePic®
Schmuckelemente: © shutterstock / Nadezhda Molkentin
Druck und Bindung: Druckerei C.H.Beck,
Bergerstraße 3–5, 86720 Nördlingen
Printed in Germany 2022
RECLAM, UNIVERSAL-BIBLIOTHEK und
RECLAMS UNIVERSAL-BIBLIOTHEK sind eingetragene Marken
der Philipp Reclam jun. GmbH & Co. KG, Stuttgart
ISBN 978-3-15-014315-5
www.reclam.de

FSC www.fsc.org
MIX
Papier aus verantwortungsvollen Quellen
FSC® C019821

Inhalt

Jacob und Wilhelm Grimm, 1847

Weihnachten mit den Brüdern Grimm

Was an Weihnachten genauso wenig fehlen darf wie Plätzchen- und Tannenduft, ist das Lesen und Vorlesen von Märchen im Kreis der Familie. Doch das war nicht immer so, denn wie Sagen, Legenden und Mythen galten Märchen bis ins frühe 19. Jahrhundert als Literatur für Erwachsene. Es mussten erst zwei Brüder kommen, die das erzieherische Potential in ihnen erkannten und einen reichen Märchenschatz für Kinder zusammentrugen.

Pünktlich zum Weihnachtsfest erschien am 20. Dezember 1812 der erste Band der »Kinder- und Hausmärchen«. 1815 folgte der zweite, sieben Jahre später der dritte. Maßgeblich zur Popularität trug aber die 1825 veröffentlichte sogenannte Kleine Ausgabe bei, die nur sieben Kupfer kostete und eine Auswahl an rund 50 Texten enthielt – die heute zu den bekanntesten Märchen zählen. Über mehrere Jahrzehnte hinweg sollten die Brüder an den Märchen feilen, ehe 1857 die »Ausgabe letzter Hand« auf den Markt kam. Die Brüder Ja-

cob (1785–1863) und Wilhelm Grimm (1786–1859) hatten der Welt über 200 Märchen geschenkt.

Geboren wurden die beiden in Hanau. Ihnen sollten noch vier weitere Geschwister folgen: Carl (1787–1852), Ferdinand (1788–1845), Ludwig Emil (genannt Luis; 1790–1863) und das Nesthäkchen Charlotte (genannt Lotte, später verheiratete Hassenpflug; 1793–1833). Das engste Verhältnis zueinander hatten aber Jacob und Wilhelm. In der elterlichen Wohnung im hessischen Steinau teilten sie sich ein Bett. Und als Jacob 1802 sein Studium in Marburg begann, sollte Wilhelm ihm nur ein Jahr später folgen. Sie teilten sich ein gemeinsames Zimmer. Auch als Wilhelm im Jahr 1825 Henriette Dorothea Wild (1793–1867), genannt Dortchen, heiratete und später drei Kinder mit ihr bekam, bedeutete das nicht die Trennung der beiden Brüder. Fortan führte Dortchen auch Jacobs Haushalt.

Gemeinsam bewältigten die Brüder ein enormes Pensum an geistiger Arbeit. Neben den »Kinder- und Hausmärchen« stellten sie eine Sammlung »Deutscher Sagen« zusammen, die 1816 und 1818 in zwei Bänden erschienen. Und 1838 legten sie den Grundstein für ihr »Deutsches Wörterbuch«, das zum größten und umfassendsten Wörterbuch der deutschen Sprache und erst 1961 fertig gestellt werden sollte. Die Brüder hatten die gewaltige Aufgabe unterschätzt: Wilhelm, der die Beiträge zum Buchstaben D verfasste, starb am 16. Dezember 1859; Jacob, der die Buchstaben A, B, C und E abschloss, schaffte es bis zum Artikel »Frucht«, ehe er am 20. September 1863 starb. Beide fanden ihre letzte Ruhestätte auf dem Alten St. Matthäus Kirchhof in Berlin. Die Gräber der beiden Märchenerzähler liegen – natürlich – nebeneinander.

Ich schau hinaus, vor meinem Fenster tut sich's auf,
die Wolken ziehen fort in stillem Lauf,
das Himmelsauge blicket wieder
blau, unvergänglich, mild auf uns hernieder;
Und neben mir hat sich die Blume aufgetan,
schneeweiß und duftend, schaut zur Sonnenbahn,
und durch die Wintersnächte und die kalten Stunden
hat sich das Leben froh und hell gefunden.
O Gott und Herr, bescher all deinen Kindern
solch einen Blick in kalten Wintern
und die dich lieben, all den Deinen
lass du dein Licht, da wo sie trauern, scheinen.

Aus einem Brief von Jacob Grimm
vom 23. Dezember 1816

Winterzeit ist Märchenzeit

Es wird dem Menschen von heimatswegen ein guter Engel beigegeben, der ihn, wann er ins Leben auszieht, unter der vertraulichen Gestalt eines Mitwandernden begleitet; wer nicht ahnt, was ihm Gutes dadurch widerfährt, der mag es fühlen, wenn er die Grenze des Vaterlands überschreitet, wo ihn jener verlässt. Diese wohltätige Begleitung ist das unerschöpfliche Gut der Märchen, Sagen und Geschichte […].

Deutsche Sagen, Vorrede

Schneeweißchen und Rosenrot

Zwei Rosenbäume im Garten eines einfachen kleinen Hauses, ein Zwerg, dessen schneeweißer Bart in einer Baumspalte eingeklemmt ist, eine Familie, die im Winter in ihrer heimeligen Stube einen Bären zu Gast hat – das sind die Bilder, die man vor Augen hat, wenn man an das Märchen von »Schneeweißchen und Rosenrot« denkt. Über das Märchen sagte Wilhelm: »Gewiss eine echte, alte Zwergensage.« Er hatte es erst in Wilhelm Hauffs (1802–1827) »Märchenalmanach« (auf das Jahr 1827) veröffentlicht, ehe es 1833 in die »Kinder- und Hausmärchen« aufgenommen wurde. Es geht auf das Märchen »Der undankbare Zwerg« (1818) der Pädagogin und Schriftstellerin Karoline Stahl (1776–1837) zurück und zählt seither zu den beliebtesten Märchen der Brüder Grimm.

Eine arme Witwe, die lebte einsam in einem Hüttchen, und vor dem Hüttchen war ein Garten, darin standen zwei Rosenbäumchen, davon trug das eine weiße, das andere rote Rosen: Und sie hatte zwei Kinder, die glichen den beiden Rosenbäumchen, und das eine hieß Schneeweißchen, das andere Rosenrot. Sie waren aber so fromm und gut, so arbeitsam und unverdrossen, als je zwei Kinder auf der Welt gewesen sind: Schneeweißchen war nur stiller und sanfter als Rosenrot. Rosenrot sprang lieber in den Wiesen und Feldern umher, suchte Blumen und fing Sommervögel: Schneeweißchen aber saß daheim bei der Mutter, half ihr im Hauswesen oder las ihr vor, wenn nichts zu tun war. Die beiden Kinder hatten einander so lieb, dass sie sich immer an den Händen fassten, sooft sie zusammen ausgingen: Und wenn Schneeweißchen sagte: »Wir wollen uns nicht verlassen«, so antwortete Rosenrot: »Solange wir leben nicht«, und die Mutter setzte hinzu: »Was das eine hat, soll's mit dem andern teilen.« Oft liefen sie im Walde allein umher und sammelten rote Beeren, aber kein Tier tat ihnen etwas zu leid, sondern sie kamen vertraulich herbei: Das Häschen fraß ein Kohlblatt aus ihren Händen, das Reh graste an ihrer Seite, der Hirsch sprang ganz lustig vorbei, und die Vögel blieben auf den Ästen sitzen und sangen, was sie nur wussten. Kein Unfall traf sie: Wenn sie sich im Walde verspätet hatten und die Nacht sie überfiel, so legten sie sich nebeneinander auf das Moos und schliefen, bis der Morgen kam, und die Mutter wusste das und hatte ihrentwegen keine Sorge. Einmal, als sie im Walde übernachtet hatten und das Morgenrot sie aufweckte, da sahen sie ein schönes Kind in einem weißen glänzenden Kleidchen neben ihrem Lager sitzen. Es stand auf und blickte sie ganz freundlich an, sprach aber nichts und ging in den Wald hinein. Und als sie sich umsahen, so hatten sie ganz nahe bei einem Abgrunde geschlafen, und wären gewiss hineingefallen, wenn sie in der Dunkelheit noch ein paar Schritte weitergegangen wären. Die Mutter aber sagte ihnen, das müsste der Engel gewesen sein, der gute Kinder bewache.

Schneeweißchen und Rosenrot hielten das Hüttchen der Mutter so reinlich, dass es eine Freude war hineinzuschauen. Im Sommer besorgte Rosenrot das Haus und stellte der Mutter jeden Morgen, ehe sie aufwachte, einen Blumenstrauß vors Bett, darin war von jedem Bäumchen eine Rose. Im Winter zündete Schneeweißchen das Feuer an und hing den Kessel an den Feuerhaken, und der Kessel war von Messing, glänzte aber wie Gold, so rein war er gescheuert. Abends, wenn die Flocken fielen, sagte die Mutter: »Geh, Schneeweißchen, und schieb den Riegel vor«, und dann setzten sie sich an den Herd, und die Mutter nahm die Brille und las aus einem großen Buche vor, und die beiden Mädchen hörten zu, saßen und spannen; neben ihnen lag ein Lämmchen auf dem Boden, und hinter ihnen auf einer Stange saß ein weißes Täubchen und hatte seinen Kopf unter den Flügel gesteckt.

Eines Abends, als sie so vertraulich beisammensaßen, klopfte jemand an die Türe, als wollte er eingelassen sein. Die Mutter sprach: »Geschwind, Rosenrot, mach auf, es wird ein Wanderer sein, der Obdach sucht.« Rosenrot ging und schob den Riegel weg und dachte, es wäre ein armer Mann, aber der war es nicht, es war ein Bär, der seinen dicken schwarzen Kopf zur Türe hereinstreckte. Rosenrot schrie laut und sprang zurück: Das Lämmchen blökte, das Täubchen flatterte auf, und Schneeweißchen versteckte sich hinter der Mutter Bett. Der Bär aber fing an zu sprechen und sagte: »Fürchtet euch nicht, ich tue euch nichts zu leid, ich bin halb erfroren und will mich nur ein wenig bei euch wärmen.« »Du armer Bär«, sprach die Mutter, »leg dich ans Feuer, und gib nur Acht, dass dir dein Pelz nicht brennt.« Dann rief sie: »Schneeweißchen, Rosenrot, kommt hervor, der Bär tut euch nichts, er meint's ehrlich.« Da kamen sie beide heran, und nach und nach näherten sich auch das Lämmchen und Täubchen und hatten keine Furcht vor ihm. Der Bär sprach: »Ihr Kinder, klopft mir den Schnee ein wenig aus dem Pelzwerk«, und sie holten den Besen und kehrten dem Bär das Fell rein: Er aber streckte sich ans Feuer und brummte ganz vergnügt und behaglich. Nicht lange, so wurden sie ganz vertraut und trieben Mutwillen mit dem unbeholfenen Gast. Sie zausten ihm das Fell mit den Händen, setzten ihre Füßchen auf seinen Rücken und walgerten ihn hin und her, oder sie nahmen eine Haselrute und schlugen auf ihn los, und wenn er brummte, so lachten sie. Der Bär ließ sich's aber gerne gefallen, nur wenn sie's gar zu arg machten, rief er: »Lasst mich am Leben, ihr Kinder:

> Schneeweißchen, Rosenrot,
> schlägst dir den Freier tot.«

Als Schlafenszeit war und die andern zu Bett gingen, sagte die Mutter zu dem Bär: »Du kannst in Gottes Namen da am Herde liegen bleiben, so bist du vor der Kälte und dem bösen Wetter geschützt.« Sobald der Tag graute, ließen ihn die beiden Kinder hinaus, und er trabte über den Schnee in den Wald hinein. Von nun an kam der Bär jeden Abend zu der bestimmten Stunde, legte sich an den Herd und erlaubte den Kindern Kurzweil mit ihm zu treiben, so viel sie wollten; und sie waren so gewöhnt an ihn, dass die Türe nicht eher zugeriegelt ward, als bis der schwarze Gesell angelangt war.

Als das Frühjahr herangekommen und draußen alles grün war, sagte der Bär eines Morgens zu Schneeweißchen: »Nun muss ich fort und darf den ganzen Sommer nicht wiederkommen.« »Wo gehst du denn hin, lieber Bär?«, fragte Schneeweißchen. »Ich muss in den Wald und meine Schätze vor den bösen Zwergen hüten: Im Winter, wenn die Erde hart gefroren ist, müssen sie wohl unten bleiben und können sich nicht durcharbeiten, aber jetzt, wenn die Sonne die Erde aufgetaut und erwärmt hat, da brechen sie durch, steigen herauf, suchen und stehlen; was einmal in ihren Händen ist und in ihren Höhlen liegt, das kommt so leicht nicht wieder an des Tages Licht.« Schneeweißchen war ganz traurig über den Abschied, und als es ihm die Türe aufriegelte und der Bär sich hinausdrängte, blieb er an dem Türhaken hängen und ein Stück seiner Haut riss auf, und da war es Schneeweißchen, als hätte es Gold durchschimmern gesehen: Aber es war seiner Sache nicht gewiss. Der Bär lief eilig fort und war bald hinter den Bäumen verschwunden.

Nach einiger Zeit schickte die Mutter die Kinder in den Wald, Reisig zu sammeln. Da fanden sie draußen einen großen Baum, der lag gefällt auf dem Boden, und an dem Stamme sprang zwischen dem Gras etwas auf und ab, sie konnten aber nicht unterscheiden, was es war. Als sie näher kamen, sahen sie einen Zwerg mit einem alten verwelkten Gesicht und einem ellenlangen schneeweißen Bart. Das Ende des Bartes war in eine Spalte des Baums eingeklemmt, und der Kleine sprang hin und her wie ein Hündchen an einem Seil und wusste nicht, wie er sich helfen sollte. Er glotzte die Mädchen mit seinen roten feurigen Augen an und schrie: »Was steht ihr da! Könnt ihr nicht herbeigehen und mir Beistand leisten?« »Was hast du angefangen, kleines Männchen?«, fragte Rosenrot. »Dumme neugierige Gans«, antwortete der Zwerg, »den Baum habe ich mir spalten wollen, um kleines Holz in der Küche zu haben; bei den dicken Klötzen verbrennt gleich das bisschen Speise, das unser einer braucht, der nicht so viel hinunterschlingt als ihr, grobes, gieriges Volk. Ich hatte den Keil schon glücklich hineingetrieben, und es wäre alles nach Wunsch gegangen, aber das verwünschte Holz war zu glatt und sprang unversehens heraus, und der Baum fuhr so geschwind zusammen, dass ich meinen schönen weißen Bart nicht mehr herausziehen konnte; nun steckt er drin, und ich kann nicht fort. Da lachen die albernen glatten Milchgesichter! Pfui, was seid ihr garstig!« Die Kinder gaben sich alle Mühe, aber sie konnten den Bart nicht herausziehen, er steckte zu fest. »Ich will laufen und Leute herbeiholen«, sagte Rosenrot. »Wahnsinnige Schafsköpfe«, schnarrte der Zwerg, »wer wird gleich Leute herbeirufen, ihr seid mir schon um zwei zu viel; fällt euch nicht Besseres ein?« »Sei nur nicht ungeduldig«, sagte Schneeweißchen, »ich will schon Rat schaffen«, holte sein Scherchen aus der Tasche und schnitt das Ende des Bartes ab. Sobald der Zwerg sich frei fühlte, griff er nach einem Sack, der zwischen den Wurzeln des Baums steckte und mit Gold gefüllt war, hob ihn heraus und brummte vor sich hin: »Ungehobeltes Volk, schneidet mir ein Stück von meinem stolzen Barte ab! Lohn's euch der Guckuck!« Damit schwang er seinen Sack auf den Rücken und ging fort, ohne die Kinder nur noch einmal anzusehen.

Einige Zeit danach wollten Schneeweißchen und Rosenrot ein Gericht Fische angeln. Als sie nahe bei dem Bach waren, sahen sie, dass etwas wie eine große Heuschrecke nach dem Wasser zu hüpfte, als wollte es hineinspringen. Sie liefen heran und erkannten den Zwerg. »Wo willst du hin?«, sagte Rosenrot, »du willst doch nicht ins Wasser?« »Solch ein Narr bin ich nicht«, schrie der Zwerg, »seht ihr nicht, der verwünschte Fisch will mich hineinziehen?« Der Kleine hatte dagesessen und geangelt, und unglücklicherweise hatte der Wind seinen Bart mit der Angelschnur verflochten: Als gleich darauf ein großer Fisch anbiss, fehlten dem schwachen Geschöpf die Kräfte, ihn herauszuziehen:

Der Fisch behielt die Oberhand und riss den Zwerg zu sich hin. Zwar hielt er sich an allen Halmen und Binsen, aber das half nicht viel, er musste den Bewegungen des Fisches folgen und war in beständiger Gefahr ins Wasser gezogen zu werden. Die Mädchen kamen zu rechter Zeit, hielten ihn fest und versuchten den Bart von der Schnur loszumachen, aber vergebens, Bart und Schnur waren fest ineinander verwirrt. Es blieb nichts übrig als das Scherchen hervorzuholen und den Bart abzuschneiden, wobei ein kleiner Teil desselben verloren ging. Als der Zwerg das sah, schrie er sie an: »Ist das Manier, ihr Lorche, einem das Gesicht zu schänden? Nicht genug, dass ihr mir den Bart unten abgestutzt habt, jetzt schneidet ihr mir den besten Teil davon ab: Ich darf mich vor den Meinigen gar nicht sehen lassen. Dass ihr laufen müsstet und die Schuhsohlen verloren hättet!« Dann holte er einen Sack Perlen, der im Schilfe lag, und ohne ein Wort weiter zu sagen, schleppte er ihn fort und verschwand hinter einem Stein.

Es trug sich zu, dass bald hernach die Mutter die beiden Mädchen nach der Stadt schickte, Zwirn, Nadeln, Schnüre und Bänder einzukaufen. Der Weg führte sie über eine Heide, auf der hier und da mächtige Felsenstücke zerstreut lagen. Da sahen sie einen großen Vogel in der Luft schweben, der langsam über ihnen kreiste, sich immer tiefer herabsenkte und endlich nicht weit bei einem Felsen niederstieß. Gleich darauf hörten sie einen durchdringenden, jämmerlichen Schrei. Sie liefen herzu und sahen mit Schrecken, dass der Adler ihren alten Bekannten, den Zwerg, gepackt hatte und ihn forttragen wollte. Die mitleidigen Kinder hielten gleich das Männchen fest und zerrten sich so lange mit dem Adler herum, bis er seine Beute fahren ließ.

Als der Zwerg sich von dem ersten Schrecken erholt hatte, schrie er mit seiner kreischenden Stimme: »Konntet ihr nicht säuberlicher mit mir umgehen? Gerissen habt ihr an meinem dünnen Röckchen, dass es überall zerfetzt und durchlöchert ist, unbeholfenes und täppisches Gesindel, das ihr seid!« Dann nahm er einen Sack mit Edelsteinen und schlüpfte wieder unter den Felsen in seine Höhle. Die Mädchen waren an seinen Undank schon gewöhnt, setzten ihren Weg fort und verrichteten ihr Geschäft in der Stadt. Als sie beim Heimweg wieder auf die Heide kamen, überraschten sie den Zwerg, der auf einem reinlichen Plätzchen seinen Sack mit Edelsteinen ausgeschüttet und nicht gedacht hatte, dass so spät noch jemand daherkommen würde. Die Abendsonne schien über die glänzenden Steine, sie schimmerten und leuchteten so prächtig in allen Farben, dass die Kinder stehen blieben und sie betrachteten. »Was steht ihr da und habt Maulaffen feil!«, schrie der Zwerg, und sein aschgraues Gesicht ward zinnoberrot vor Zorn. Er wollte mit seinen Scheltworten fortfahren, als sich ein lautes Brummen hören ließ und ein schwarzer Bär aus dem Walde herbeitrabte. Erschrocken sprang der Zwerg auf, aber er konnte nicht mehr zu seinem Schlupfwinkel gelangen, der Bär war schon in seiner Nähe. Da rief er in Herzensangst: »Lieber Herr Bär, verschont mich, ich will euch alle meine Schätze geben, sehet, die schönen Edelsteine, die da liegen. Schenkt mir das Leben, was habt ihr an mir kleinen schmächtigen Kerl? Ihr spürt mich nicht zwischen den Zähnen: Da, die beiden gottlosen Mädchen packt, das sind für euch zarte Bissen, fett wie junge Wachteln, die fresst in Gottes Namen.« Der Bär kümmerte sich um seine

Worte nicht, gab dem boshaften Geschöpf einen einzigen Schlag mit der Tatze, und es regte sich nicht mehr.

Die Mädchen waren fortgesprungen, aber der Bär rief ihnen nach: »Schneeweißchen und Rosenrot, fürchtet euch nicht, wartet ich will mit euch gehen.« Da erkannten sie seine Stimme und blieben stehen, und als der Bär bei ihnen war, fiel plötzlich die Bärenhaut ab, und er stand da als ein schöner Mann, und war ganz in Gold gekleidet. »Ich bin eines Königs Sohn«, sprach er, »und war von dem gottlosen Zwerg, der mir meine Schätze gestohlen hatte, verwünscht, als ein wilder Bär in dem Walde zu laufen, bis ich durch seinen Tod erlöst würde. Jetzt hat er seine wohlverdiente Strafe empfangen.«

Schneeweißchen ward mit ihm vermählt und Rosenrot mit seinem Bruder, und sie teilten die großen Schätze miteinander, die der Zwerg in seine Höhle zusammengetragen hatte. Die alte Mutter lebte noch lange Jahre ruhig und glücklich bei ihren Kindern. Die zwei Rosenbäumchen aber nahm sie mit, und sie standen vor ihrem Fenster und trugen jedes Jahr die schönsten Rosen, weiß und rot.

Es war einmal mitten im Winter, und die Schneeflocken fielen wie Federn vom Himmel herab, da saß eine Königin an einem Fenster, das einen Rahmen von schwarzem Ebenholz hatte, und nähte. Und wie sie so nähte und nach dem Schnee aufblickte, stach sie sich mit der Nadel in den Finger, und es fielen drei Tropfen Blut in den Schnee. Und weil das Rote im weißen Schnee so schön aussah, dachte sie bei sich: »Hätt ich ein Kind so weiß wie Schnee, so rot wie Blut und so schwarz wie das Holz an dem Rahmen.« Bald darauf bekam sie ein Töchterlein, das war so weiß wie Schnee, so rot wie Blut und so schwarzhaarig wie Ebenholz und ward darum das Schneewittchen (Schneeweißchen) genannt.

Schneewittchen

Frau Holle

Nach den fleißigen und einfühlsamen Schwestern Schneeweißchen und Rosenrot geht es bei den (Stief-)Schwestern im Märchen von »Frau Holle« weniger einträchtig zu. Doch neben Goldmarie und Pechmarie spielt die eigentliche Hauptrolle eh die mütterliche alte Frau. »Du musst nur Acht geben, dass du mein Bett gut machst und es fleißig aufschüttelst, dass die Federn fliegen, dann schneit es in der Welt«, rät sie den beiden Mädchen und lieferte so eine Erklärung dafür, warum es bei Schnee in Hessen hieß: »Die Frau Holle macht ihr Bett.« Heute wird man nicht nur in Hessen an Frau Holle denken, wenn vor dem Fenster die dicken Flocken dicht an dicht vom Himmel fallen.

Eine Witwe hatte zwei Töchter, davon war die eine schön und fleißig, die andere hässlich und faul. Sie hatte aber die hässliche und faule, weil sie ihre rechte Tochter war, viel lieber, und die andere musste alle Arbeit tun und der Aschenputtel im Hause sein. Das arme Mädchen musste sich täglich auf die große Straße bei einem Brunnen setzen, und musste so viel spinnen, dass ihm das Blut aus den Fingern sprang. Nun trug es sich zu, dass die Spule einmal ganz blutig war, da bückte es sich damit in den Brunnen und wollte sie abwaschen: Sie sprang ihm aber aus der Hand und fiel hinab. Es weinte, lief zur Stiefmutter und erzählte ihr das Unglück. Sie schalt es aber so heftig und war so unbarmherzig, dass sie sprach: »Hast du die Spule hinunterfallen lassen, so hol sie auch wieder herauf.« Da ging das Mädchen zu dem Brunnen zurück und wusste nicht, was es anfangen sollte: Und in seiner Herzensangst sprang es in den Brunnen hinein, um die Spule zu holen. Es verlor die Besinnung, und als es erwachte und wieder zu sich selber kam, war es auf einer schönen Wiese, wo die Sonne schien und viel tausend Blumen standen. Auf dieser Wiese ging es fort und kam zu einem Backofen, der war voller Brot; das Brot aber rief: »Ach, zieh mich raus, zieh mich raus, sonst verbrenn ich: Ich bin schon längst ausgebacken.« Da trat es herzu, und holte mit dem Brotschieber alles nacheinander heraus. Danach ging es weiter und kam zu einem Baum, der hing voll Äpfel, und rief ihm zu: »Ach schüttel mich, schüttel mich, wir Äpfel sind alle miteinander reif.« Da schüttelte es den Baum, dass die Äpfel fielen, als regneten sie, und schüttelte, bis keiner mehr oben war; und als es alle in einen Haufen zusammengelegt hatte, ging es wieder weiter. Endlich kam es zu einem kleinen Haus, daraus guckte eine alte Frau, weil sie aber so große Zähne hatte, ward ihm angst, und es wollte fortlaufen. Die alte Frau aber rief ihm nach: »Was fürchtest du dich, liebes Kind? Bleib bei mir, wenn du alle Arbeit im Hause ordentlich tun willst, so soll dir's gut gehn. Du musst nur Acht geben, dass du mein Bett gut machst und es fleißig aufschüttelst, dass die Federn fliegen, dann schneit es in der Welt; ich bin die Frau Holle.« Weil die Alte ihm so gut zusprach, so fasste sich das Mädchen ein Herz, willigte ein und begab sich in ihren Dienst. Es besorgte auch alles nach ihrer Zufriedenheit, und schüttelte ihr das Bett immer gewaltig auf, dass die Federn wie Schneeflocken umherflogen; dafür hatte es auch ein gut Leben bei ihr, kein böses Wort, und alle Tage Gesottenes und Gebratenes. Nun war es eine Zeit lang bei der Frau Holle, da ward es traurig und wusste anfangs selbst nicht, was ihm fehlte, endlich merkte es, dass es

Heimweh war; ob es ihm hier gleich viel tausendmal besser ging als zu Haus, so hatte es doch ein Verlangen dahin. Endlich sagte es zu ihr: »Ich habe den Jammer nach Haus kriegt, und wenn es mir auch noch so gut hier unten geht, so kann ich doch nicht länger bleiben, ich muss wieder hinauf zu den Meinigen.« Die Frau Holle sagte: »Es gefällt mir, dass du wieder nach Haus verlangst, und weil du mir so treu gedient hast, so will ich dich selbst wieder hinaufbringen.« Sie nahm es darauf bei der Hand und führte es vor ein großes Tor. Das Tor ward aufgetan, und wie das Mädchen gerade darunter stand, fiel ein gewaltiger Goldregen, und alles Gold blieb an ihm hängen, so dass es über und über davon bedeckt war. »Das sollst du haben, weil du so fleißig gewesen bist«, sprach die Frau Holle und gab ihm auch die Spule wieder, die ihm in den Brunnen gefallen war. Darauf ward das Tor verschlossen, und das Mädchen befand sich oben auf der Welt, nicht weit von seiner Mutter Haus: Und als es in den Hof kam, saß der Hahn auf dem Brunnen und rief:

»Kikeriki,
unsere goldene Jungfrau ist wieder hie.«

Da ging es hinein zu seiner Mutter, und weil es so mit Gold bedeckt ankam, ward es von ihr und der Schwester gut aufgenommen.

Das Mädchen erzählte alles, was ihm begegnet war, und als die Mutter hörte, wie es zu dem großen Reichtum gekommen war, wollte sie der andern hässlichen und faulen Tochter gerne dasselbe Glück verschaffen. Sie musste sich an den Brunnen setzen und spinnen; und damit ihre Spule blutig ward, stach sie sich in die Finger und stieß sich die Hand in die Dornhecke. Dann warf sie die Spule in den Brunnen und sprang selber hinein. Sie kam, wie die andere, auf die schöne Wiese und ging auf demselben Pfade weiter. Als sie zu dem Backofen gelangte, schrie das Brot wieder: »Ach, zieh mich raus, zieh mich raus, sonst verbrenn ich, ich bin schon längst ausgebacken.« Die Faule aber antwortete: »Da hätt ich Lust, mich schmutzig zu machen«, und ging fort. Bald kam sie zu dem Apfelbaum, der rief: »Ach, schüttel mich, schüttel mich, wir Äpfel sind alle miteinander reif.« Sie antwortete aber: »Du kommst mir recht, es könnte mir einer auf den Kopf fallen«, und ging damit weiter. Als sie vor der Frau Holle Haus kam, fürchtete sie sich nicht, weil sie von ihren großen Zähnen schon gehört hatte, und verdingte sich gleich zu ihr. Am ersten Tag tat sie sich Gewalt an, war fleißig und folgte der Frau Holle, wenn sie ihr etwas sagte, denn sie dachte an das viele Gold, das sie ihr schenken würde; am zweiten Tag aber fing sie schon an zu faulenzen, am dritten noch mehr, da wollte sie morgens gar nicht aufstehen. Sie machte auch der Frau Holle das Bett nicht, wie sich's gebührte, und schüttelte es nicht, dass die Federn aufflogen. Das ward die Frau Holle bald müde und sagte ihr den Dienst auf. Die Faule war das wohl zufrieden und meinte, nun würde der Goldregen kommen; die Frau Holle führte sie auch zu dem Tor, als sie aber darunter stand, ward statt des Goldes ein großer Kessel voll Pech ausgeschüttet. »Das ist zur Belohnung deiner Dienste«, sagte die Frau Holle und schloss das Tor zu. Da kam die Faule heim, aber sie war ganz mit Pech bedeckt, und der Hahn auf dem Brunnen, als er sie sah, rief:

»Kikeriki,
unsere schmutzige Jungfrau ist wieder hie.«

Das Pech aber blieb fest an ihr hängen und wollte, solange sie lebte, nicht abgehen.

Obschon viel trüb Tag sind im Jahr,
so ist das Mehrerteil doch klar.

Jacob Grimm

Winterweh

Mit dem Theologen und Pädagogen David Suabedissen (1773–1835) führte Wilhelm einen regen Briefwechsel, der insgesamt 115 Briefe umfasst. Wilhelm kannte Suabedissen, den es nach Leipzig verschlagen hatte, aus seinen Marburger Zeiten. Mit ihm tauschte er sich nicht nur über seine Arbeiten aus, sondern er teilte mit ihm auch seine persönlichen Gedanken und Sorgen, wie zum Beispiel im Dezember 1815 in Kassel, wo er angesichts der winterlichen Einöde seine Einsamkeit (Jacob war in Wien und Paris unterwegs) schmerzlich spürte.

Kassel, 15. Dezember 1815

Herzlichen Dank, mein liebster Freund, für Ihr Andenken selbst in lästigen und gestörten Stunden; ich weiß aus Erfahrung, wie einem zumute ist und ich hoffe, dass Sie sich, wann dieser Brief anlangt, besser befinden. [...] Mir geht es wie sonst, nur noch einsamer und ich habe niemanden mehr, zu dem ich vertraulich reden könnte oder wollte; der brave *Gerling* ist der Einzige, zu dem ich zuweilen mit Vergnügen gehe. Jeden Tag werde ich an Ihre Abwesenheit erinnert, wenn ich auf die Bibliothek gehe und die hellen ungefrornen Scheiben und eine zerbrochene Scheibe in Ihrer Wohnung sehe. So bin ich wohl schon durch die Stadt gegangen und habe betrachtet, wie an den Orten, wo sonst liebe Menschen bei denen ich oft vergnügt war, wohnten, jetzt fremde und widerwärtige Gesichter herausgucken; es ist eine der schmerzlichsten Empfindungen von der Welt, die einem wie ein Messer durch die Seele schneidet. Selbst an unserer alten Wohnung bin ich so vorbeigegangen, wo wir noch zusammen mit unserer lieben Mutter waren. Das Leben einer Witwe mit ihren Kindern hat etwas sehr Schönes und Zutrauliches und ich weiß noch recht gut, wie bei dem Tode meines Vaters mich dieser Gedanke von einem festeren Zusammenleben getröstet hat. Eigentlich gedeihen wir hier in Kassel nicht, vor zehn Jahren war ich noch viel mehr zu Haus und wir sind wie eine Pflanze, welcher in diesem Erdreich die Wurzeln allmählich absterben. Auf der andern Seite hat diese Einsamkeit wieder ihr Gutes und erhält die Gedanken an die abwesenden Freunde lebendiger. Übrigens scheint mir unser Schicksal zu schwanken, da ich wohl sehe, dass mein Bruder, den ich in kurzen erwarte, sich gefasst halten muss, seinen Abschied zu fordern, nachdem er sich bei dieser Stelle geweigert. Wie es gehen wird, will ich Gott überlassen.

[...]

Was soll ich Ihnen von hier schreiben? ich denke es geht alles in gewohnter Langeweile fort, die manchmal in Hochmut, Eitelkeit u. drgl. ehrbaren Untugenden sich einen Schein von Leben gibt. Eine gute Gesellschaft ist in der Gemälde-Sammlung angelangt, an der ich mich schon einmal erfreut, bis mich die bittere Kälte hinausgejagt, wenn es Sommer u. sie zugänglicher geworden, denke ich mir manche angenehme Stunde damit zu machen. [...]

Grüßen Sie Ihre Frau und die lieben Kinder, das Teehanchen, das Lachtäubchen, meine Line u. den kleinen Brummbass, alle aufs Herzlichste und behalten Sie mich lieb.

W. C. Grimm

Aschenputtel

Zugegeben, in »Aschenputtel« geht es nicht wirklich winterlich oder weihnachtlich zu – dennoch zählt dieses Märchen zu den Weihnachtsklassikern schlechthin. Das liegt an der nostalgischen Verfilmung »Drei Haselnüsse für Aschenbrödel« aus dem Jahr 1973, die auf das Märchen »O Popelce« der tschechischen Schriftstellerin Božena Němcová (1820–1862) zurückgeht, das zwischen 1842 und 1845 entstand und eine Abwandlung des Grimm'schen »Aschenputtel« ist. Zwar geht es auch in der Verfilmung nicht um Weihnachten, aber da die Handlung im Winter spielt, ist die märchenhafte Welt in ein zauberhaftes winterliches Weiß gehüllt. Und wer wünscht sich nicht weiße Weihnachten?

Einem reichen Manne, dem wurde seine Frau krank, und als sie fühlte, dass ihr Ende herankam, rief sie ihr einziges Töchterlein zu sich ans Bett und sprach: »Liebes Kind, bleib fromm und gut, so wird dir der liebe Gott immer beistehen, und ich will vom Himmel auf dich herabblicken und will um dich sein.« Darauf tat sie die Augen zu und verschied. Das Mädchen ging jeden Tag hinaus zu dem Grabe der Mutter und weinte und blieb fromm und gut. Als der Winter kam, deckte der Schnee ein weißes Tüchlein auf das Grab, und als die Sonne im Frühjahr es wieder herabgezogen hatte, nahm sich der Mann eine andere Frau.

Die Frau hatte zwei Töchter mit ins Haus gebracht, die schön und weiß von Angesicht waren, aber garstig und schwarz von Herzen. Da ging eine schlimme Zeit für das arme Stiefkind an. »Soll die dumme Gans bei uns in der Stube sitzen!«, sprachen sie, »wer Brot essen will, muss es verdienen: Hinaus mit der Küchenmagd.« Sie nahmen ihm seine schönen Kleider weg, zogen ihm einen grauen alten Kittel an und gaben ihm hölzerne Schuhe. »Seht einmal die stolze Prinzessin, wie sie geputzt ist!«, riefen sie, lachten und führten es in die Küche. Da musste es von Morgen bis Abend schwere Arbeit tun, früh vor Tag aufstehn, Wasser tragen, Feuer anmachen, kochen und waschen. Obendrein taten ihm die Schwestern alles ersinnliche Herzeleid an, verspotteten es und schütteten ihm die Erbsen und Linsen in die Asche, so dass es sitzen und sie wieder auslesen musste. Abends, wenn es sich müde gearbeitet hatte, kam es in kein Bett, sondern musste sich neben den Herd in die Asche legen. Und weil es darum immer staubig und schmutzig aussah, nannten sie es *Aschenputtel.*

Es trug sich zu, dass der Vater einmal in die Messe ziehen wollte, da fragte er die beiden Stieftöchter, was er ihnen mitbringen sollte. »Schöne Kleider«, sagte die eine, »Perlen und Edelsteine«, die Zweite. »Aber du, Aschenputtel«, sprach er, »was willst du haben?« »Vater, das erste Reis, das euch auf eurem Heimweg an den Hut stößt, das brecht für mich ab.« Er kaufte nun für die beiden Stiefschwestern schöne Kleider, Perlen und Edelsteine, und auf dem Rückweg, als er durch einen grünen Busch ritt, streifte ihn ein Haselreis und stieß ihm den Hut ab. Da brach er das Reis ab und nahm es mit. Als er nach Haus kam, gab er den Stieftöchtern, was sie sich gewünscht hatten, und dem Aschenputtel gab er das Reis von dem Haselbusch. Aschenputtel dankte ihm, ging zu seiner Mutter Grab und pflanzte das Reis darauf, und weinte so sehr, dass die Tränen darauf niederfielen und es begossen. Es wuchs aber, und ward ein schöner Baum. Aschenputtel ging alle Tage dreimal darunter, weinte und betete, und allemal kam ein weißes Vöglein auf den Baum, und wenn es einen Wunsch aussprach, so warf ihm das Vöglein herab, was es sich gewünscht hatte.

Es begab sich aber, dass der König ein Fest anstellte, das drei Tage dauern sollte, und wozu alle schönen Jungfrauen im Lande eingeladen wurden, damit sich sein Sohn eine Braut aussuchen möchte. Die zwei Stiefschwestern, als sie hörten, dass sie auch dabei erscheinen sollten, waren guter Dinge, riefen Aschenputtel, und sprachen: »Kämm uns die Haare, bürste uns die Schuhe und mache uns die Schnallen fest, wir gehen zur Hochzeit auf des Königs Schloss.« Aschenputtel gehorchte, weinte aber, weil es auch gern zum Tanz mitgegangen wäre, und bat die Stiefmutter, sie möchte es ihm erlauben. »Du Aschenputtel«, sprach sie, »bist voll Staub und Schmutz und willst zur Hochzeit? Du hast keine Kleider und Schuhe, und willst tanzen!« Als es aber mit Bitten anhielt, sprach sie endlich: »Da habe ich dir eine Schüssel Linsen in die Asche geschüttet, wenn du die Linsen in zwei Stunden wieder ausgelesen hast, so sollst du mitgehen.« Das Mädchen ging durch die Hintertüre nach dem Garten und rief: »Ihr zahmen Täubchen, ihr Turteltäubchen, all ihr Vöglein unter dem Himmel, kommt und helft mir lesen,

die guten ins Töpfchen,
die schlechten ins Kröpfchen.«

Da kamen zum Küchenfenster zwei weiße Täubchen herein, und danach die Turteltäubchen, und endlich schwirrten und schwärmten alle Vöglein unter dem Himmel herein und ließen sich um die Asche nieder. Und die Täubchen nickten mit den Köpfchen und fingen an, pick, pick, pick, pick, und da fingen die übrigen auch an, pick, pick, pick, pick, und lasen alle guten Körnlein in die Schüssel. Kaum war eine Stunde herum, so waren sie schon fertig und flogen alle wieder hinaus. Da brachte das Mädchen die Schüssel der Stiefmutter, freute sich und glaubte, es dürfte nun mit auf die Hochzeit gehen. Aber sie sprach: »Nein, Aschenputtel, du hast keine Kleider, und kannst nicht tanzen: Du wirst nur ausgelacht.« Als es nun weinte, sprach sie: »Wenn du mir zwei Schüsseln voll Linsen in einer Stunde aus der Asche rein lesen kannst, so sollst du mitgehen«, und dachte: »Das kann es ja nimmermehr.« Als sie die zwei Schüsseln Linsen in die Asche geschüttet hatte, ging das Mädchen durch die Hintertüre nach dem Garten und rief: »Ihr zahmen Täubchen, ihr Turteltäubchen, all ihr Vöglein unter dem Himmel, kommt und helft mir lesen,

die guten ins Töpfchen,
die schlechten ins Kröpfchen.«

Da kamen zum Küchenfenster zwei weiße Täubchen herein und danach die Turteltäubchen, und endlich schwirrten und schwärmten alle Vöglein unter dem Himmel herein, und ließen sich um die Asche nieder. Und die Täubchen nickten mit ihren Köpfchen und fingen an, pick, pick, pick, pick, und da fingen die übrigen auch an, pick, pick, pick, pick, und lasen alle guten Körner in die Schüsseln. Und eh eine halbe Stunde herum war, waren sie schon fertig, und flogen alle wieder hinaus. Da trug das Mädchen die Schüsseln zu der Stiefmutter, freute sich und glaubte, nun dürfte es mit auf die Hochzeit gehen. Aber sie sprach: »Es hilft dir alles nichts: Du kommst nicht mit, denn du hast keine Kleider und kannst nicht tanzen; wir müssten uns deiner schämen.« Darauf kehrte sie ihm den Rücken zu und eilte mit ihren zwei stolzen Töchtern fort.

Als nun niemand mehr daheim war, ging Aschenputtel zu seiner Mutter Grab unter den Haselbaum und rief:

»Bäumchen, rüttel dich und schüttel dich,
wirf Gold und Silber über mich.«

Da warf ihm der Vogel ein golden und silbern Kleid herunter, und mit Seide und Silber ausgestickte Pantoffeln. In aller Eile zog es das Kleid an und ging zur Hochzeit. Seine Schwestern aber und die Stiefmutter kannten es nicht, und meinten, es müsste eine fremde Königstochter sein, so schön sah es in dem goldenen Kleide aus. An Aschenputtel dachten sie gar nicht und dachten, es säße daheim im Schmutz und suchte die Linsen aus der Asche. Der Königssohn kam ihm entgegen, nahm es bei der Hand und tanzte mit ihm. Er wollte auch mit sonst niemand tanzen, also dass er ihm die Hand nicht losließ, und wenn ein anderer kam, es aufzufordern, sprach er: »Das ist meine Tänzerin.«

Es tanzte, bis es Abend war, da wollte es nach Haus gehen. Der Königssohn aber sprach: »Ich gehe mit und begleite dich«, denn er wollte sehen, wem das schöne Mädchen angehörte. Sie entwischte ihm aber und sprang in das Taubenhaus. Nun wartete der Königssohn, bis der Vater kam und sagte ihm, das fremde Mädchen wär in das Taubenhaus gesprungen. Der Alte dachte: »Sollte es Aschenputtel sein?«, und sie mussten ihm Axt und Hacken bringen, damit er das Taubenhaus entzweischlagen konnte: Aber es war niemand darin. Und als sie ins Haus kamen, lag Aschenputtel in seinen schmutzigen Kleidern in der Asche, und ein trübes Öllämpchen brannte im Schornstein; denn Aschenputtel war geschwind aus dem Taubenhaus hinten herabgesprungen, und war zu dem Haselbäumchen gelaufen: Da hatte es die schönen Kleider abgezogen und aufs Grab gelegt, und der Vogel hatte sie wieder weggenommen, und dann hatte es sich in seinem grauen Kittelchen in die Küche zur Asche gesetzt.

Am andern Tag, als das Fest von neuem anhub, und die Eltern und Stiefschwestern wieder fort waren, ging Aschenputtel zu dem Haselbaum und sprach:

»Bäumchen, rüttel dich und schüttel dich,
wirf Gold und Silber über mich.«

Da warf der Vogel ein noch viel stolzeres Kleid herab, als am vorigen Tag. Und als es mit diesem Kleide auf der Hochzeit erschien, erstaunte jedermann über seine Schönheit. Der Königssohn aber hatte gewartet, bis es kam, nahm es gleich bei der Hand und tanzte nur allein mit ihm. Wenn die andern kamen und es aufforderten, sprach er: »Das ist meine Tänzerin.« Als es nun Abend war, wollte es fort, und der Königssohn ging ihm nach und wollte sehen, in welches Haus es ging: Aber es sprang ihm fort und in den Garten hinter dem Haus. Darin stand ein schöner großer Baum, an dem die herrlichsten Birnen hingen, es kletterte so behänd wie ein Eichhörnchen zwischen die Äste, und der Königssohn wusste nicht, wo es hingekommen war. Er wartete aber, bis der Vater kam, und sprach zu ihm: »Das fremde Mädchen ist mir entwischt, und ich glaube, es ist auf den Birnbaum gesprungen.« Der Vater dachte: »Sollte es Aschenputtel sein?«, ließ sich die Axt holen und hieb den Baum um, aber es war niemand darauf. Und als sie in die Küche kamen, lag Aschenputtel da in der Asche, wie sonst auch, denn es war auf der andern Seite vom Baum herabgesprungen, hatte dem Vogel auf dem Haselbäumchen die schönen Kleider wieder gebracht und sein graues Kittelchen angezogen.

Am dritten Tag, als die Eltern und Schwestern fort waren, ging Aschenputtel wieder zu seiner Mutter Grab und sprach zu dem Bäumchen:

»Bäumchen, rüttel dich und schüttel dich,
wirf Gold und Silber über mich.«

Nun warf ihm der Vogel ein Kleid herab, das war so prächtig und glänzend wie es noch keins gehabt hatte, und die Pantoffeln waren ganz golden. Als es in dem Kleid zu der Hochzeit kam, wussten sie alle nicht, was sie vor Verwunderung sagen sollten. Der Königssohn tanzte ganz allein mit ihm, und wenn es einer aufforderte, sprach er: »Das ist meine Tänzerin.«

Als es nun Abend war, wollte Aschenputtel fort, und der Königssohn wollte es begleiten, aber es entsprang ihm so geschwind, dass er nicht folgen konnte. Der Königssohn hatte aber eine List gebraucht, und hatte die ganze Treppe mit Pech bestreichen lassen: Da war, als es hinabsprang, der linke Pantoffel des Mädchens hängen geblieben. Der Königssohn hob ihn auf, und er war klein und zierlich und ganz golden. Am nächsten Morgen ging er damit zu dem Mann, und sagte zu ihm: »Keine andere soll meine Gemahlin werden als die, an deren Fuß dieser goldene Schuh passt.« Da freuten sich die beiden Schwestern, denn sie hatten schöne Füße. Die Älteste ging mit dem Schuh in die Kammer und wollte ihn anprobieren, und die Mutter stand dabei. Aber sie konnte mit der großen Zehe nicht hineinkommen, und der Schuh war ihr zu klein, da reichte ihr die Mutter ein Messer und sprach: »Hau die Zehe ab: Wann du Königin bist, so brauchst du nicht mehr zu Fuß zu gehen.« Das Mädchen hieb die Zehe ab, zwängte den Fuß in den Schuh, verbiss den Schmerz und ging heraus zum Königssohn. Da nahm er sie als seine Braut aufs Pferd, und ritt mit ihr fort. Sie mussten aber an dem Grabe vorbei, da saßen die zwei Täubchen auf dem Haselbäumchen, und riefen:

»Rucke di guck, rucke di guck,
Blut ist im Schuck [Schuh]:
Der Schuck ist zu klein,
die rechte Braut sitzt noch daheim.«

Da blickte er auf ihren Fuß und sah wie das Blut herausquoll. Er wendete sein Pferd um, brachte die falsche Braut wieder nach Haus und sagte, das wäre nicht die rechte, die andere Schwester sollte den Schuh anziehen. Da ging diese in die Kammer und kam mit den Zehen glücklich in den Schuh, aber die Ferse war zu groß. Da reichte ihr die Mutter ein Messer und sprach: »Hau ein Stück von der Ferse ab: Wann du Königin bist, brauchst du nicht mehr zu Fuß zu gehen.« Das Mädchen hieb ein Stück von der Ferse ab, zwängte den Fuß in den Schuh, verbiss den Schmerz und ging heraus zum Königssohn. Da nahm er sie als seine Braut aufs Pferd und ritt mit ihr fort. Als sie an dem Haselbäumchen vorbeikamen, saßen die zwei Täubchen darauf und riefen:

»Rucke di guck, rucke di guck,
Blut ist im Schuck:
Der Schuck ist zu klein,
die rechte Braut sitzt noch daheim.«

Er blickte nieder auf ihren Fuß, und sah wie das Blut aus dem Schuh quoll und an den weißen Strümpfen ganz rot heraufgestiegen war. Da wendete er sein Pferd, und brachte die falsche Braut wieder nach Haus. »Das ist auch nicht die rechte«, sprach er, »habt ihr keine andere Tochter?« »Nein«, sagte der Mann, »nur von meiner verstorbenen Frau ist noch ein kleines verbuttetes Aschenputtel da: Das kann unmöglich die Braut sein.« Der Königssohn sprach, er sollte es heraufschicken, die Mutter aber antwortete: »Ach nein, das ist viel zu schmutzig, das darf sich nicht sehen lassen.« Er wollte es aber durchaus haben, und Aschenputtel musste gerufen werden. Da wusch es sich erst Hände und Angesicht rein, ging dann hin und neigte sich vor dem Königssohn, der ihm den goldenen Schuh reichte. Dann setzte es sich auf einen Schemel, zog den Fuß aus dem schweren Holzschuh und steckte ihn in den Pantoffel, der war wie angegossen. Und als es sich in die Höhe richtete und der König ihm ins Gesicht sah, so erkannte er das schöne Mädchen, das mit ihm getanzt hatte, und rief: »Das ist die rechte Braut!« Die Stiefmutter und die beiden Schwestern erschraken und wurden bleich vor Ärger: Er aber nahm Aschenputtel aufs Pferd und ritt mit ihm fort. Als sie an dem Haselbäumchen vorbeikamen, riefen die zwei weißen Täubchen:

»Rucke di guck, rucke di guck,
kein Blut im Schuck:
Der Schuck ist nicht zu klein,
die rechte Braut, die führt er heim.«

Und als sie das gerufen hatten, kamen sie beide herabgeflogen und setzten sich dem Aschenputtel auf die Schultern, eine rechts, die andere links, und blieben da sitzen.

Als die Hochzeit mit dem Königssohn sollte gehalten werden, kamen die falschen Schwestern, wollten sich einschmeicheln und teil an seinem Glück nehmen. Als die Brautleute nun zur Kirche gingen, war die Älteste zur rechten, die Jüngste zur linken Seite: Da pickten die Tauben einer jeden das eine Auge aus. Hernach, als sie herausgingen, war die Älteste zur linken und die Jüngste zur rechten: Da pickten die Tauben einer jeden das andere Auge aus. Und waren sie also für ihre Bosheit und Falschheit mit Blindheit auf ihr Lebtag gestraft.

Ein aufregender Winter

Der Winter 1837 entwickelte sich für die beiden Brüder zu einer turbulenten Zeit. Im Juli des Jahres hatte Ernst August (1771–1851) König von Hannover bei seinem Amtsantritt den Eid auf die Verfassung verweigert, die ihm zu freiheitlich erschienen war. Jacob und Wilhelm sowie mit ihnen fünf weitere Professoren, darunter die Historiker Christoph Dahlmann (1785–1860) und Georg Gottfried Gervinus (1805–1871), wollten dies nicht hinnehmen, hatte die Verfassung von 1833 Hannover doch im Vergleich zu den politischen Verhältnissen im Deutschen Bund zu einem deutlich liberaleren Staat gemacht. Die später als »Göttinger Sieben« in die Geschichte eingehenden Professoren setzten ein Schreiben auf, mit dem sie gegen die Aufhebung der Verfassung protestierten. Daraufhin wurden sie am 11. Dezember ihres Amtes enthoben; Dahlmann, Jacob und Gervinus erhielten zudem den Befehl, binnen drei Tagen das Königreich zu verlassen. Am 17. Dezember wurden sie an die hessische Grenze gebracht, von wo aus sich Jacob nach Kassel wandte, um bei seinem jüngeren Bruder Luis und seiner Frau Marie Unterschlupf zu finden. Wilhelms Frau Dortchen begleitete ihn, um die neue Unterkunft einzurichten.

21. Dezember 1837

Liebes Dortchen, ich war in Sorgen, dass Dir die Reise schaden möchte, da der Wind Montag Mittag und Abend heftig zu wehen begann, und dazu hast Du nun nach der Ankunft nicht einmal ordentlich schlafen können. Ich hoffe, dass Du Dich seitdem erholt hast und Dein Kopfweh vorüber ist.

Dein Brief hat mir große Freude gemacht; ich kann mich noch gar nicht recht gewöhnen und fühle mich unbehaglich und einsam. Luis und Marie sind herzensgut und tun mir alles zu Gefallen. Nach und nach wird es hier gehen, aber ihre Art ist nun einmal so. Gestern Morgen, als mir Rotschild den Brief gebracht hatte und ich ihn mitgeben wollte, waren ihre beiden Türen zwei Stunden lang verschlossen, dass ich endlich, zu Hassenpflugs zum Mittagessen eingeladen, ausging und sie erst abends wieder zu sehen bekam.

Die Besuche stören mich jetzt auch noch sehr, das alles wird sich legen. Die Kurfürstin hatte vorgestern durch Henschel sagen lassen, sie wünsche mich zu sehen. Ich ging also gestern hin und fand sie voller Gnade und Teilnahme. Vermutlich werde ich diese Woche noch bei ihr an Tafel sein. [...]

Ihr und die Kinder seid mein beständiger Gedanke. Unsere Zukunft kann so schnell sich nicht entwickeln, das wird eine sehnsüchtige Zeit des Wartens werden. Doch denke ich mir auch oft, dass der Himmel uns ein unerwartetes Heil daraus bereiten kann.

Briefe werde ich wohl genug hierher bekommen, sobald die Leute einmal meinen Aufenthalt wissen.

Dein und Euer alter treuer
Jacob Grimm

Wilhelm und seine Familie, die in Göttingen geblieben waren, da sie die dortige Wohnung noch bis Oktober gemietet hatten, sollten Jacob erst 1838 nach Kassel folgen. Den Winter und das Weihnachtsfest 1837 verbrachten die beiden Brüder also getrennt voneinander, was vor allem in den Briefen Jacobs zum Ausdruck kommt. Da konnten selbst gesellige Abende bei der Kurfürstin oder seinen Freunden, den Harniers, seine Stimmung nicht heben. Die Göttinger »Sache« und die ungerechte Behandlung, die sie erfahren hatten, ließen Jacob nicht los, so dass er sich schon bald an den ersten Entwurf einer Verteidigungsschrift machte.

Kassel, 2. Januar 1838

Ich wünsche mir und euch, dass wir das nächste Neujahr wieder zusammen seien! An welchem Orte, das ist noch nicht ausgemacht, doch habe ich guten Mut, und denke dass unsre Sache noch zum Heil ausschlagen wird. Bleibt nur beide mit den Kindern gesund, ich bin es bisher auch noch, und nehme mich in Acht so gut es geht. Deine Geschwulst an den Füßen, liebes Dortchen, hat nichts zu sagen, und verliert sich mit der Zeit wieder; ich sprach noch gestern mit Rudolf und Lisette davon. Ich habe in der Apotheke mittags gegessen und war nachher zu Wolfsanger; das Linchen ist groß geworden, noch größer als Luise, und kochte uns einen Kaffee, der nicht sonderlich geriet. Auch Bischofshausen war da, ein hübscher junger Mensch, mit dessen Versorgung und Anstelligkeit es aber noch übel stehn soll. Auch Lisettens Söhne scheinen mehr der Jagd und der Zerstreuung nachzuhängen, als ordentlichem Lernen. An Besuchen und Einladungen fehlt's mir nicht, es macht mir keine große Freude. Ich war bei der Kurfürstin zum Essen, bei beiden Harniers (der Jüngere hatte auserlesne Freunde Hassenpflugs dazu gebeten: Pfeiffer, Wippermann Schmerfeld, Heraeus), auch bei Schmerfeld, wo aber nicht sehr delikat gelebt wird, Str. Wegener saß neben Sophie ich zwischen der gn. Frau und der Berta. Beide Harniers hatten gewaltig aufgetischt, Eduard Gänsleberpastete und alles was sonst den Magen verdirbt.

[...]

Ich hatte vor acht Tagen angefangen, ganz für mich über die Sache etwas niederzuschreiben, was vielleicht gedruckt werden könnte. Nachher ist es wieder liegen geblieben, vielleicht nehme ich's wieder vor.

Die Jurisen hier (Bickel, Münscher) wundern sich, dass wir noch keinen Rechtsweg einschlagen, das werde der Sache guten Halt geben; sie meinen Justizkanzlei und App. gericht müssten unbedenklich darauf eingehn. Bitte doch Albrecht zu überlegen, was längeres Warten für Vorteil zu haben scheine.

Luis und Marie tun mir alles zuliebe, ich kann über nichts klagen; was mir fehlt, steht nicht in ihren Kräften zu geben. Nach und nach wird es aber noch leichter werden.

Grüßt und küsst doch die lieben Kinder, die werden bald aufhören an mich zu denken und sich einmal neu an mich gewöhnen müssen. Lieschen los zu werden wird schwer sein, ohne Zweifel hat es auch wahre Anhänglichkeit. Habt ihr noch den Schütze? Und wie hat sich Gräzel bewiesen?

An alle Freunde sonst meinen Gruß, ich bin und bleibe euer treuer

Jacob

Mittwoch, 3. Januar 1838

Liebes Dortchen,

da Rothschild durchreist kann ich's nicht lassen ihm ein paar Zeilen in unser altes Haus mitzugeben, die leicht noch eher in euern Händen sind als mein gestriger durch Winzingerode mitgenommener Brief. Hier auch einer von Lachmann. Unsere Sache steht gut und wird sich noch bessern, darum habe getrosten Mut; ich hoffe auch dass wir uns bald wieder sehn. Ich wünsche euch morgen eine vergnügte Mitfeier meines Geburtstages, ich werde sicher auf irgendeine Weise überrascht. Nun grüße mir Wilhelm, Herrmann, Rudolf, die Gustelmaus und Luischen.

Euer Jacob

Kassel, 11. Januar 1838

Ich hoffe ihr seid alle gesund, ich wollte die Kälte ließe nach, denn die faulen Mädchen verstehn sich nicht auf meinen Ofen, so dass es mir geht, wie vor 23 Jahren in Frankreich mit den Kaminen, wo man immer nur auf einer Seite warm wird. Überhaupt wäre das Exil schicklicher in den Sommer gefallen. Einen Stiefelputzer namens Bachmann habe ich in Dienst genommen, und ihm lieber etwas mehr als nötig ist, nämlich 2 rh. monatlich versprochen; damit er ordentlich kommt; ich hoffe die Ausgabe wird nicht allzu lange währen. Er behauptete sich auf die Lampen zu verstehen, bisher hat sich aber noch wenig von seinem Geschick bewährt, denn sie will durchaus nicht brennen, vielleicht aus Schuld des Öls.

[...]

Wird die Dahlmann in der Kälte reisen? Ich grüße euch alle tausendmal, behaltet mich lieb.

Jac. Gr.

Am 11. Januar 1838 schickte Jacob seinem Bruder einen Zeitungsausschnitt, den er mit der Randbemerkung versah: »ganz falsch«. Darin hieß es: »Der hier anwesende Professor Grimm wird häufig von Ihrer königl. Hoheit der Kurfürstin zum Tee geladen, lebt jedoch im Übrigen sehr zurückgezogen und nur den Studien.« Der folgende Brief bezieht sich auf den Zeitungsausschnitt und zeigt, wie missgestimmt Jacob darüber war, dass ihnen in ihrer Sache noch keine Gerechtigkeit widerfahren war, weshalb er seine Verteidigungsschrift wieder aufzunehmen beschloss.

Kassel, 21. Januar 1838

Es soll jedoch in einer andern Zeitung stehn, dass sie uns ihre Schatulle geöffnet habe; wie doch die Leute zu solchen Nachrichten gelangen? Vorhin kam der brennende Rotkopf und brachte mir deinen gestrigen Brief; ich wusste schon aus der Zeitung dass die Württemberger die Sache ordentlich anregen würden. Das ist wahr dass Rumann dem ganzen Handel den größten Schaden zugefügt hat. Von Paris ist mir heute ein langer Artikel aus dem Temps zugekommen, enthält aber nur vielsagende Phrasen, die einem wenig helfen. Wenn ich nicht wieder, wie schon öfter, davon abgebracht werde, schicke ich dir diese Woche etwas zur Beurteilung, Ergänzung und Änderung, was ich niederschreibe. Man hat täglich andere Ansichten über die Schritte die zu tun oder zu lassen wären, und meine Hoffnung und Stimmung ist bald getroster bald niedergeschlagner. Es ist eigentlich schändlich, dass uns die verdiente Genugtuung nicht wird.

[...]

Marie geht [es] heute besser, liegt aber noch. Die Überschuh habe ich erhalten und danke. [...]

JGr.

Kassel, 25. Januar 1838

[...]

Mit der Marie geht's besser, doch ist sie noch angegriffen, und die letzten Tage lagen Mutter und Tochter auf Sofas einander gegenüber. Man muss wirklich diesen Haushalt eine Weile miterleben, bei bloßen Besuchen kommt eine gewisse Regung hinein, die nachher verschwindet. Wir essen wie die Puppen; es sind immer zehn, zwanzig Näpferchen, Tellerchen und Deckelchen, und wird aus einem ins andere getan, und immer wieder in der Kachel gewärmt. Was von allen Gerichten übrig bleibt wird die folgenden Tage immer in kleineren Tellern wieder aufgewärmt, bis es endlich völlig verschwindet, und von der (herzlich guten) tauben Frau jedes Mal zeremoniös angeboten. [...]

Heute ging ich in die Aue, und über die zugefrorene ganze Fulde; es ist immer helles, schönes Wetter, in der Stadt aber Steinkohlengestank.

[...]

Gute Nacht, schlaft wohl, bis morgen.

Donnerstag den 25. Jan.

Jacob Grimm

Sonntag, 28. Jan.

Ich hatte den Brief noch nicht abgehen lassen, weil ich eine Gelegenheit erwartete. Beunruhigt euch nur nicht darüber, ich bin gestern und heute selbst ruhiger. Eigentlich sind erst ja erst sechs Wochen, dass wir getrennt leben, das ist noch eine kurze Zeit, und irgendeine Entscheidung kaum schon möglich. Wir wollen und müssen also geduldig harren.

[...]

Nachdem Dortchen in Kassel eine Wohnung für die Familie gefunden hatte, ging der Umzug der Familie im Oktober 1838 vonstatten. Bis auf einen Regenschauer, der das Verladen der Möbelstücke verzögerte (Wilhelm schrieb: »Es ist ein Missgeschick, in das wir uns auch fügen müssen«), ging alles glatt: Am 17. Oktober traf Dortchen mit den Kindern in Kassel ein, am Sonntag darauf endlich auch Wilhelm. Die Brüder waren wieder vereint – und Jacob sollte mit seinem Brief vom Februar Recht behalten, dass es die letzten Glückwünsche aus der Ferne bleiben würden.

Kassel, 23. Februar 1838

Lieber Wilhelm, ich gehöre, hoffentlich nur dies einzige Mal noch, unter die dir heute aus der Ferne Glückwünschenden, und hoffe es das nächste Mal wieder auf die gewohnte Weise tun zu können. Gott erhalte und stärke dir deine Gesundheit; mit Freuden höre ich, dass sie sich bisher, in dieser Prüfungszeit, behauptet hat. Alles andere wird sich auch schon wieder schicken und bessern.

Du tatest recht alles das abzulehnen, wovon dein letzter Brief sprach. Wir können nur unter Bedingungen zurück, die uns niemand erfüllen wird, und sonst will ich nicht.

[...]

Ich freue mich morgen den guten Ranke wiederzusehn, und grüße euch alle tausendmal.

Behalt lieb deinen treuen Bruder

Jacob

Wünsche und gute Gaben

Zu Weihnachten war meine ganze Familie nach längerer Zeit wieder vereinigt. Mein *ältester Sohn* war im November aus Italien zurückgekehrt, mein *zweiter* der jetzt in Düsseldorf zu Haus ist, benutzte die Ferienzeit; und so konnten wir uns des alten Zusammenlebens wieder erfreuen.

Wilhelm Grimm an seinen Freund Paul Wiegand (1786–1866), 30. Dezember 1857

Die Wichtelmänner

Das folgende Märchen von den eifrigen Helferlein in der Vorweihnachtszeit ist eines von dreien, die die Brüder unter dem Titel »Die Wichtelmänner« zusammenfassten. Sie verglichen sie mit den Sagen vom stillen Volk, den wohlwollenden Zwergen und gut gesinnten Kobolden, die sich im ersten Band ihrer »Deutschen Sagen« finden lassen. All diesen guten Geistern ist gemeinsam, dass sie verschwinden, wenn sie Kleider erhalten. Im Fall des Schusters hinterlassen sie ihm aber noch ein ganz besonderes Geschenk: Glück für sein gesamtes restliches Leben.

Es war ein Schuster ohne seine Schuld so arm geworden, dass ihm endlich nichts mehr übrig blieb als Leder zu einem einzigen Paar Schuhe. Nun schnitt er am Abend die Schuhe zu, die wollte er den nächsten Morgen in Arbeit nehmen; und weil er ein gutes Gewissen hatte, so legte er sich ruhig zu Bett, befahl sich dem lieben Gott und schlief ein. Morgens, nachdem er sein Gebet verrichtet hatte und sich zur Arbeit niedersetzen wollte, so standen die beiden Schuhe ganz fertig auf seinem Tisch. Er verwunderte sich und wusste nicht was er dazu sagen sollte. Er nahm die Schuhe in die Hand um sie näher zu betrachten: Sie waren so sauber gearbeitet, dass kein Stich daran falsch war, gerade als wenn es ein Meisterstück sein sollte. Bald darauf trat auch schon ein Käufer ein, und weil ihm die Schuhe so gut gefielen, so bezahlte er mehr als gewöhnlich dafür, und der Schuster konnte von dem Geld Leder zu zwei Paar Schuhen erhandeln. Er schnitt sie abends zu und wollte den nächsten Morgen mit frischem Mut an die Arbeit gehen, aber er brauchte es nicht, denn als er aufstand waren sie schon fertig, und es blieben auch nicht die Käufer aus, die ihm so viel Geld gaben dass er Leder zu vier Paar Schuhen einkaufen konnte. Er fand früh morgens auch die vier Paar fertig; und so ging's immer fort, was er abends zuschnitt, das war am Morgen verarbeitet, also dass er bald wieder sein ehrliches Auskommen hatte und endlich ein wohlhabender Mann ward. Nun geschah es eines Abends nicht lange vor Weihnachten, als der Mann wieder zugeschnitten hatte, dass er vor Schlafengehen zu seiner Frau sprach »Wie wär's wenn wir diese Nacht aufblieben um zu sehen wer uns solche hilfreiche Hand leistet?« Die Frau war's zufrieden und steckte ein Licht an; darauf verbargen sie sich in den Stubenecken, hinter den Kleidern, die da aufgehängt waren und gaben Acht. Als es Mitternacht war, da kamen zwei kleine niedliche nackte Männlein, setzten sich vor des Schusters Tisch, nahmen alle zugeschnittene Arbeit zu sich und fingen an mit ihren Fingerlein so behänd und schnell zu stechen, zu nähen, zu klopfen, dass der Schuster vor Verwunderung die Augen nicht abwenden konnte. Sie ließen nicht nach, bis alles zu Ende gebracht war und fertig auf dem Tische stand, dann sprangen sie schnell fort.

Am andern Morgen sprach die Frau »Die kleinen Männer haben uns reich gemacht, wir müssten uns doch dankbar dafür bezeigen. Sie laufen so herum, haben nichts am Leib und müssen frieren. Weißt du was? Ich will Hemdlein, Rock, Wams und Höslein für sie nähen, auch jedem ein Paar Strümpfe stricken; mach du jedem ein Paar Schühlein dazu.« Der Mann sprach »Das bin ich wohl zufrieden«, und abends, wie sie alles fertig hatten, legten sie die Geschenke statt der zugeschnittenen Arbeit zusammen auf den Tisch und versteckten sich dann, um mit anzusehen wie sich die Männlein dazu anstellen würden. Um Mitternacht kamen sie herangesprungen und wollten sich gleich an die Arbeit machen, als sie aber kein zugeschnittenes Leder, sondern die niedlichen Kleidungsstücke fanden, verwunderten sie sich erst, dann aber bezeigten sie eine gewaltige Freude. Mit der größten Geschwindigkeit zogen sie sich an, strichen die schönen Kleider am Leib und sangen

»sind wir nicht Knaben glatt und fein?
was sollen wir länger Schuster sein!«

Dann hüpften und tanzten sie, und sprangen über Stühle und Bänke. Endlich tanzten sie zur Türe hinaus. Von nun an kamen sie nicht wieder, dem Schuster aber ging es wohl so lang er lebte, und es glückte ihm alles was er unternahm.

Der Weihnachtswunsch

Wilhelm an seinen Freund David Suabedissen, mit dem er einen persönlichen Weihnachtsmoment teilt.

Kassel, 12. Januar 1823

Liebster Freund, [...]

Weihnachten und Neujahr habe ich Ihrer gedacht mit guten Wünschen und herzlicher Liebe. Ich habe beide Feste ziemlich einsam erlebt, indes ist mir ein schöner Wunsch zugeflogen indem unversehens ein Schmetterling um mich flatterte, der sich diesen Sommer an einer Aloe, wo ich hernach die leere Hülse fand, verpuppt hatte und ohne sich von dem winterigen und kalten Wetter irre machen zu lassen von der Stubenwärme begünstigt herausgekrochen war. Lassen Sie mir das etwas Gutes bedeuten [...].

[...]

Leben Sie wohl, mein liebster Freund, grüßen Sie die Ihrigen freundlich, auch meine Geschwister lassen grüßen, ich aber bleibe mit treuem Herzen

Ihr Wilhelm Grimm

Die drei Männlein im Walde

Dass es in einem verschneiten Winterwald auch Erdbeeren zu finden gibt, beweist dieses Märchen der Brüder Grimm. Es findet sich bereits in der ersten Auflage der »Kinder- und Hausmärchen« (1812) und geht auf Wilhelms Frau Dortchen zurück. »Es war ein Mann, dem starb seine Frau, und eine Frau, der starb ihr Mann; und der Mann hatte eine Tochter, und die Frau hatte auch eine Tochter«, so beginnt das Märchen von den »Drei Männlein im Walde«. Der Mann und die Frau heiraten, doch von vertrauter Einigkeit kann fortan nicht die Rede sein, denn während der Mann eine liebe und fleißige Tochter mit in die Ehe bringt, ist die Tochter seiner Frau faul und hinterhältig. Und natürlich offenbart sich auch die Mutter als böse Stiefmutter, die ihrer Stieftochter nichts Gutes gönnt. Mit einer Hinterlist beginnt der folgende Auszug aus dem Märchen. Natürlich werden am Ende die Guten mit einem Happy End belohnt, während im weiteren Verlauf des Märchens die böse Stiefmutter und ihre Tochter das bekommen, was ihnen zusteht, nämlich der von den Männlein prophezeite »unglückliche Tod«.

Einmal im Winter, als es steinhart gefroren hatte und Berg und Tal vollgeschneit lag, machte die Frau ein Kleid von Papier, rief das Mädchen und sprach: »Da zieh das Kleid an, geh hinaus in den Wald und hol mir ein Körbchen voll Erdbeeren; ich habe Verlangen danach.« »Du lieber Gott«, sagte das Mädchen, »im Winter wachsen ja keine Erdbeeren, die Erde ist gefroren, und der Schnee hat auch alles zugedeckt. Und warum soll ich in dem Papierkleide gehen? Es ist draußen so kalt, dass einem der Atem friert: Da weht ja der

Wind hindurch und die Dornen reißen mir's vom Leib.« »Willst du mir noch widersprechen?«, sagte die Stiefmutter. »Mach, dass du fortkommst, und lass dich nicht eher wiedersehen, als bis du das Körbchen voll Erdbeeren hast.« Dann gab sie ihm noch ein Stückchen hartes Brot und sprach: »Davon kannst du den Tag über essen«, und dachte: »Draußen wird's erfrieren und verhungern und mir nimmermehr wieder vor die Augen kommen.«

Nun war das Mädchen gehorsam, tat das Papierkleid an und ging mit dem Körbchen hinaus. Da war nichts als Schnee, die Weite und Breite, und war kein grünes Hälmchen zu merken. Als es in den Wald kam, sah es ein kleines Häuschen, daraus guckten drei kleine Haulemännerchen. Es wünschte ihnen die Tageszeit und klopfte bescheidenlich an die Tür. Sie riefen: »Herein«, und es trat in die Stube und setzte sich auf die Bank am Ofen, da wollte es sich wärmen und sein Frühstück essen. Die Haulemännerchen sprachen: »Gib uns auch etwas davon.« »Gerne«, sprach es, teilte sein Stückchen Brot entzwei und gab ihnen die Hälfte. Sie fragten: »Was willst du zur Winterzeit in deinem dünnen Kleidchen hier im Wald?« »Ach«, antwortete es, »ich soll ein Körbchen voll Erdbeeren suchen und darf nicht eher nach Hause kommen, als bis ich es mitbringe.« Als es sein Brot gegessen hatte, gaben sie ihm einen Besen und sprachen: »Kehre damit an der Hintertüre den Schnee weg.« Wie es aber draußen war, sprachen die drei Männerchen untereinander: »Was sollen wir ihm schenken, weil es so artig und gut ist und sein Brot mit uns geteilt hat?« Da sagte der Erste: »Ich schenk ihm, dass es jeden Tag schöner wird.« Der Zweite sprach: »Ich schenk ihm, dass Goldstücke ihm aus dem Mund fallen, sooft es ein Wort spricht.«

Der Dritte sprach: »Ich schenk ihm, dass ein König kommt und es zu seiner Gemahlin nimmt.«

Das Mädchen aber tat wie die Haulemännerchen gesagt hatten, kehrte mit dem Besen den Schnee hinter dem kleinen Hause weg, und was glaubt ihr wohl, dass es gefunden hat? Lauter reife Erdbeeren, die ganz dunkelrot aus dem Schnee hervorkamen. Da raffte es in seiner Freude sein Körbchen voll, dankte den kleinen Männern, gab jedem die Hand und lief nach Haus, und wollte der Stiefmutter das Verlangte bringen. Wie es eintrat und »guten Abend«, sagte, fiel ihm gleich ein Goldstück aus dem Mund. Darauf erzählte es, was ihm im Walde begegnet war, aber bei jedem Worte, das es sprach, fielen ihm die Goldstücke aus dem Mund, so dass bald die ganze Stube damit bedeckt ward. »Nun sehe einer den Übermut«, rief die Stiefschwester, »das Geld so hinzuwerfen«, aber heimlich war sie neidisch darüber und wollte auch hinaus in den Wald und Erdbeeren suchen. Die Mutter: »Nein, mein liebes Töchterchen, es ist zu kalt, du könntest mir erfrieren.« Weil sie ihr aber keine Ruhe ließ, gab sie endlich nach, nähte ihm einen prächtigen Pelzrock, den es anziehen musste, und gab ihm Butterbrot und Kuchen mit auf den Weg.

Das Mädchen ging in den Wald und gerade auf das kleine Häuschen zu. Die drei kleinen Haulemänner guckten wieder, aber es grüßte sie nicht, und, ohne sich nach ihnen umzusehen und ohne sie zu grüßen, stolperte es in die Stube hinein, setzte sich an den Ofen und fing an sein Butterbrot und seinen Kuchen zu essen. »Gib uns etwas davon«, riefen die Kleinen, aber es antwortete: »Es schickt mir selber nicht, wie kann ich andern noch davon abgeben?« Als es nun fertig war mit dem Essen, sprachen sie: »Da hast du einen Besen, kehr uns draußen vor der Hintertür rein.« »Ei, kehrt euch selber«, antwortete es, »ich bin eure Magd nicht.« Wie es sah, dass sie ihm nichts schenken wollten, ging es zur Türe hinaus. Da sprachen die kleinen Männer untereinander: »Was sollen wir ihm schenken, weil es so unartig ist und ein böses neidisches Herz hat, das niemand etwas gönnt?« Der Erste sprach: »Ich schenk ihm, dass es jeden Tag hässlicher wird.« Der Zweite sprach: »Ich schenk ihm, dass ihm bei jedem Wort, das es spricht, eine Kröte aus dem Munde springt.« Der Dritte sprach: »Ich schenk ihm, dass es eines unglücklichen Todes stirbt.« Das Mädchen suchte draußen nach Erdbeeren, als es aber keine fand, ging es verdrießlich nach Haus. Und wie es den Mund auftat und seiner Mutter erzählen wollte, was ihm im Walde begegnet war, da sprang ihm bei jedem Wort eine Kröte aus dem Mund, so dass alle einen Abscheu vor ihm bekamen.

Nun ärgerte sich die Stiefmutter noch viel mehr und dachte nur darauf, wie sie der Tochter des Mannes alles Herzeleid antun wollte, deren Schönheit doch alle Tage größer ward. Endlich nahm sie einen Kessel, setzte ihn zum Feuer und sott Garn darin. Als es gesotten war, hing sie es dem armen Mädchen auf die Schulter, und gab ihm eine Axt dazu, damit sollte es auf den gefrornen Fluss gehen, ein Eisloch hauen und das Garn schlittern. Es war gehorsam, ging hin und hackte ein Loch in das Eis, und als es mitten im Hacken war, kam ein prächtiger Wagen hergefahren, worin der König saß. Der Wagen hielt still und der König fragte: »Mein Kind, wer bist du und was machst du da?« »Ich bin ein armes Mädchen und schlittere Garn.« Da fühlte der König Mitleiden, und als er sah, wie es so gar schön war, sprach er: »Willst du mit mir fahren?« »Ach ja, von Herzen gern«, antwortete es, denn es war froh, dass es der Mutter und Schwester aus den Augen kommen sollte.

Also stieg es in den Wagen und fuhr mit dem König fort, und als sie auf sein Schloss gekommen waren, ward die Hochzeit mit großer Pracht gefeiert, wie es die kleinen Männlein dem Mädchen geschenkt hatten.

Allerlei Geschenke

Weihnachtsgeschenke gab es auch im Hause Grimm. Für ganz besondere Geschenke fanden die Brüder stets die richtigen Dankesworte – oder bereiteten mit einer Gabe ebenso viel Freude.

Kassel, 5. Januar 1826

Liebe L., liebe A., am 28. morgens ist das Christkindchen von Ihnen angekommen, mit Freude haben wir alles empfangen und herzlich hat uns Ihr Andenken, ihre guten freundschaftlichen Gedanken, während Sie alles verfertigten, einrichteten und anordneten, gerührt. Wir sagen Ihnen tausend Dank dafür. Ich weiß gewiss, wir werden uns lieb behalten und niemals vergessen. [....]

Ihr treuer Freund
Wilhelm

Ich hebe mir alle Geschenke ordentlich auf, frage mich, womit ich sie verdiene? und freue mich desto mehr darüber, denn das sind ja eben die natürlichsten Gaben, wie wir sie von Kindesbeinen an empfangen, die wir ohne unser Verdienst davon tragen. [...]

Jacob Grimm

Liebe Fräulein A., da Sie letzt geschrieben, dass Sie meinen Brief nicht behalten hätten, so schenke ich Ihnen hier zu Weihnachten ein altes Büchlein ganz allein, weil ich gerade nicht mehr habe. Es mag vor vierhundert Jahren in Frankreich geschrieben worden und hernach auch lange daraus gebetet worden sein, denn die Bilder sind verblichen und verwischt, doch einiger Zierrat hat sich erhalten. Auf den Kalender voran folgen Auszüge aus Evangelien und Psalmen, zuletzt stehen französische Gebete. In den leeren Rand können Sie noch Blumen einzeichnen und zeichnen lassen und wenn Sie zwischen die Blätter Band und trockene Blumen legen, wird sich's wieder schmücken und beleben. Ich glaube im ganzen deutschen Reich versteht sich niemand so darauf, als Sie und L., Blumen, welche Farbe halten, so zierlich zu wählen, zu flechten und geordnet aufzubewahren. Grüßen Sie L., die andern Geschwister und Ihr ganzes Haus auf das Freundlichste.

[...]

Die Brüder grüßen. Fröhliche Christtage und seliges Neujahr.

Jacob Grimm

24. Dezember 1837

Liebe gute A., noch gestern Abend, als die Kinder zu Bett waren, habe ich das Kästchen und die Schachtel geöffnet, die Sie uns geschickt haben; es ist alles so herzlich und liebreich, was Sie tun und sagen, dass ich Ihnen nicht ausdrücken kann, wie es mich gerade in dieser Zeit freut und rührt. Sogar meiner Schwachheit haben Sie gedacht, und mir das geschickt, was ich von Hannover zu allen Zeiten rühmen werde. [...]

Ich bitte Sie nicht mich lieb zu behalten, ich weiß Sie tun es doch.

Ihr treuer
Wilh. Grimm

Weihnachtliche Sagenwelt

Das Erste, was ein aufrichtiges Gemüt aus der
Betrachtung alter Fabel und Sage lernen kann,
ist, dass hinter ihnen kein eitler Grund, keine
Erdichtung, sondern wahrhafte Dichtung liegt.

Gedanken über Mythos, Epos und Geschichte

Liebesbräuche zur Weihnachtszeit

Jacob und Wilhelm haben nicht nur Märchen zusammengetragen, sondern auch deutsche Sagen. Neben ihren »Kinder- und Hausmärchen« ist es ihr zweites großes Sammelwerk und die bedeutendste Zusammenstellung ihrer Art. Insgesamt 579 Sagen finden sich darin, darunter so Bekanntes wie der »Rattenfänger von Hameln«, »Lohengrin« oder »Der Sängerkrieg auf der Wartburg«. Auch einige Sagen zu weihnachtlichen Sitten und Gebräuchen lassen sich in der Sammlung entdecken. Vor allem die Weihnachtstage haben ihre ganz eigene Magie, was liegt da also näher, als in dieser Zeit allerhand Sagen rund um Liebesbräuche anzusiedeln?

Die Christnacht

Abergläubische Mägde, um Träume von ihren Liebsten zu bekommen, kaufen frühe des Tags vor dem heiligen Abend um einen Pfennig Semmel und zwar das letzte Stößchen, das auf einem Ende zu ist. Weiter schneiden sie ein bisschen Rinde unten ab, binden es unter den rechten Arm und gehen fleißig den ganzen Tag damit herum. Hernach beim Schlafengehen legen sie es unter den Kopf in der Christnacht und sprechen dabei:

»Jetzt hab ich mich gelegt und Brot bei mir,
wenn doch nun mein Feinslieb käme und äße mit mir!«

Darüber soll es geschehen, dass zur Mitternacht von solcher Semmelrinde etwas genagt wird, und daran kann man früh morgens erkennen, dass der Liebste sie das Jahr über heiraten werde. Ist aber das Brot unverletzt gelassen, so haben sie schlechte Hoffnung. Also soll es sich begeben haben (1657 zu Leipzig), dass da ihrer zwei beieinander in einem Bette schliefen, die eine hatte solches Brot unter sich liegen, die andere nicht. Diese hörte nachts ein Knarren und Nagen, fürchtete sich und rüttelte ihre Gespielin, die aber in festem Schlaf lag und nichts gewahr wurde, bis sie aus den Träumereien erwachte. Als sie nun morgens das Brot besichtigten, war ein Kreuz hineingefressen. Das Weibsbild soll bald darauf einen Soldaten zum Mann bekommen haben.

Die alte Saalfelder Frau erzählte, dass andere ein Gefäß mit Wasser nehmen und es mit einem gewissen kleinen Maß in ein ander Gefäß messen. Sie tun dies aber etliche Mal und sehen zu, ob sie in den wiederholten Bemessungen *mehr Wasser* antreffen, als zuerst. Daraus schließen sie, dass sie das folgende Jahr über zunehmen werden an Hab und Gütern. Befinden sie *einerlei Maß*, so glauben sie, dass ihr Schicksal still stehe, und sie weder Glück noch Unglück haben werden. Ist aber zuletzt *weniger Wasser*, so entnehmen sie, dass ihr gutes Wohlergehn und Gedeihen zurückgehe. Der Saalfelder Frau war das mittelste einmal zu Händen gekommen.

Andere nehmen einen Erbschlüssel und einen Knäul Zwirn, binden den Zwirn fest an den Schlüssel und bewinden das Knäul, damit es nicht weiter ablaufe, als sie es vorher haben laufen lassen. Sie lassen es aber bei ein Ellen oder sechs los; dann stecken sie dies Gebäumel zum Fenster aus und bewegen es von einer Seite zur andern an den äußerlichen Wänden und sprechen dabei: »Horch! horch!« So sollen sie von der Seite und Gegend oder dem Orte her eine Stimme vernehmen, dahin sie werden zu freien und zu wohnen kommen. Andere greifen zur Türe hinaus und haben, wenn sie die Hand hereinziehen, einige Haare von ihrem zukünftigen Liebsten darin.

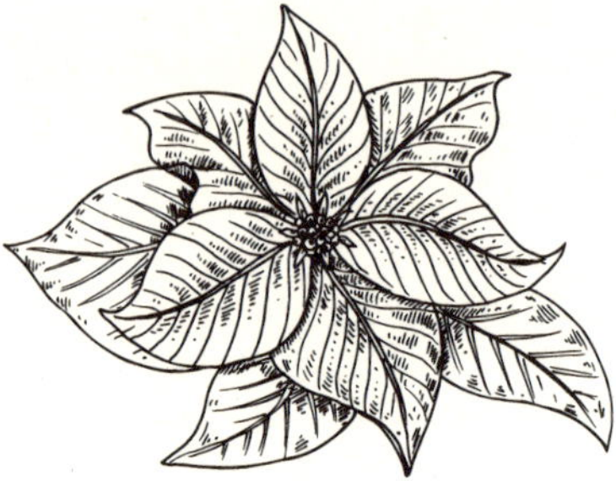

Die Märchen also sind teils durch ihre äußere Verbreitung, teils ihr inneres Wesen dazu bestimmt, den reinen Gedanken einer kindlichen Weltbetrachtung zu fassen, sie nähren unmittelbar, wie die Milch, mild und lieblich, oder der Honig, süß und sättigend, ohne irdische Schwere; dahingegen die Sagen schon zu einer stärkeren Speise dienen, eine einfachere, aber desto entschiedenere Farbe tragen, und mehr Ernst und Nachdenken fodern.

Deutsche Sagen, Vorwort

Frau Holla

Für die Brüder Grimm waren Märchen poetischer als Sagen, wohingegen sie die Sagen als historischer bezeichneten. Die Sage sei, so schreiben sie in ihrer Vorrede zu den »Deutschen Sagen«, von einer »geringern Mannigfaltigkeit«, dafür habe sie aber das Besondere, »dass sie an etwas Bekanntem und Bewusstem hafte, an einem Ort oder einem durch die Geschichte gesicherten Namen«. So verhält es sich auch mit Frau Holle. Natürlich kennt jeder das Märchen von ihr, doch dass sie eine Form der großen Muttergöttin (auch Hollermutter, Holda oder Holla genannt) ist, die in allen frühen Hochkulturen verehrt wurde, dürften wohl eher wenige wissen. In vielen Gegenden wurde sie als Hausgöttin verehrt, die allen Lebewesen Schutz gab und den Menschen das Spinnen und Weben beigebracht hat. Einige der Sagen um Frau Holla spielen in der Winter- und Weihnachtszeit.

Frau Holla und der treue Eckart

In Thüringen liegt ein Dorf Namens Schwarza, da zog Weihnachten Frau Holla vorüber und vorn im Haufen ging der treue Eckart und warnte die begegneten Leute aus dem Wege zu weichen, dass ihnen kein Leid widerfahre. Ein paar Bauerknaben hatten gerade Bier in der Schenke geholt, das sie nach Haus tragen wollten, als der Zug erschien, dem sie zusahen. Die Gespenster nahmen aber die ganze breite Straße ein, da wichen die Dorfjungen mit ihren Kannen abseits in eine Ecke; bald nahten sich unterschiedene Weiber aus der Rotte, nahmen die Kannen und tranken. Die

Knaben schwiegen aus Furcht stille, wussten doch nicht, wie sie ihnen zu Haus tun sollten, wenn sie mit leeren Krügen kommen würden. Endlich trat der treue Eckart herbei und sagte: »Das riet euch Gott, dass ihr kein Wörtchen gesprochen habt, sonst wären euch euere Hälse umgedreht worden; gehet nun flugs heim und sagt keinem Menschen etwas von der Geschichte, so werden eure Kannen immer voll Bier sein und wird ihnen nie gebrechen.« Dieses taten die Knaben und es war so, die Kannen wurden niemals leer, und drei Tage nahmen sie das Wort in Acht. Endlich aber konnten sie's nicht länger bergen, sondern erzählten aus Vorwitz ihren Eltern den Verlauf der Sache, da war es aus und die Krüglein versiegten. Andere sagen, es sei dies nicht eben zu Weihnacht geschehen, sondern auf eine andre Zeit.

Frau Holla zieht umher

In der Weihnacht fängt Frau Holla an herumzuziehen, da legen die Mägde ihren Spinnrocken aufs Neue an, winden viel Werk oder Flachs darum und lassen ihn über Nacht stehen. Sieht das nun Frau Holla, so freut sie sich und sagt:

so manches Haar,
so manches gutes Jahr.

Diesen Umgang hält sie bis zum großen Neujahr, d. h. den Heiligen drei Königstag, wo sie wieder umkehren muss nach ihrem Horselberg; trifft sie dann unterwegens Flachs auf dem Rocken, zürnt sie und spricht:

so manches Haar,
so manches böses Jahr.

Daher reißen Feier-Abends vorher alle Mägde sorgfältig von ihren Rocken ab, was sie nicht abgesponnen haben, damit nichts dran bleibe und ihnen übel ausschlage. Noch besser ist's aber, wenn es ihnen gelingt, alles angelegte Werk vorher im Abspinnen herunterzubringen.

Sagen aus Nah und Fern

Die Sagen, die die Brüder zusammentrugen, stammten aus dem gesamten deutschsprachigen Raum, wie zum Beispiel die winterliche Sage von dem »Kessel mit dem Schatz« aus Bibesheim in Hessen oder jene von Ludwig dem Frommen aus Hildesheim. Doch auch aus entfernteren Gegenden wurden Sagen zusammengetragen, nämlich aus solchen, die einst deutschsprachige Gebiete waren. Dazu zählt die schaurige Sage von den nach Weihnachten ausziehenden Werwölfen, die sich in Livland (veraltet: Liefland), einer historischen Region im Baltikum, erzählt wurde.

Der Kessel mit dem Schatz

An einem Winterabend saß vor vielen Jahren der Wagnermeister Wolf zu Großbieberau im Odenwald mit Kindern und Gesinde beim Ofen und sprach von diesem und jenem. Da ward auf einmal ein verwunderlich Geräusch vernommen und siehe, es drückte sich unter dem Stubenofen plötzlich ein großer Kessel voll Geldes hervor. Hätte nun gleich einer stillschweigends ein wenig Brot oder einen Erdschollen darauf geworfen, dann wäre es gut gewesen; aber nein, der Böse war dabei und da musst es wohl verkehrt gehen. Des Wagners Töchterlein hatte nie so viel Geld beisammen gesehen und rief laut: »Blitz, Vater, was Geld, was Geld!« Der Vater kehrte sich nicht ans Schreien, weil er besser wusste, was hier zu tun wäre. Schnell nahm ers Heft vom großen Naben-Bohrer und steckt es rasch durch den Kesselring. Doch es war vorbei, der Kessel versank und nur der Ring blieb zurück. Vor ungefähr zwanzig Jahren wurde der Kesselring noch gezeigt.

Der Rosenstrauch zu Hildesheim

Als Ludwig der Fromme winters in der Gegend von Hildesheim jagte, verlor er sein mit Heiligtum gefülltes Kreuz, das ihm vor allem lieb war. Er sandte seine Diener aus, um es zu suchen; und gelobte, an dem Orte, wo sie es finden würden, eine Kapelle zu bauen. Die Diener verfolgten die Spur der gestrigen Jagd auf dem Schnee, und sahen bald aus der Ferne mitten im Wald einen grünen Rasen, und darauf einen grünenden wilden Rosenstrauch. Als sie ihm näher kamen, hing das verlorene Kreuz daran; sie nahmen es und berichteten dem Kaiser, wo sie es gefunden. Alsobald befahl Ludwig, auf der Stätte eine Kapelle zu erbauen, und den Altar dahin zu setzen, wo der Rosenstock stand. Dieses geschah, und bis auf diese Zeiten grünt und blüht der Strauch, und wird von einem eigens dazu bestellten Manne gepflegt. Er hat mit seinen Ästen und Zweigen die Rundung des Doms bis zum Dache umzogen.

Die Werwölfe ziehen aus

In Liefland ist folgende Sage. Wann der Christ-Tag verflossen ist, so geht ein Junge, der mit einem Bein hinkt, herum und fordert alle dem Bösen Ergebene, deren eine große Anzahl ist, zusammen und heißt sie nachfolgen. Zaudern etliche darunter und sind säumig, so ist ein anderer großer langer Mann da, der mit einer von Eisendraht und Kettlein geflochtenen Peitsche auf sie haut und mit Zwang forttreibt. Er soll so grausam auf die Leute peitschen, dass man nach langer Zeit Flecken und Narben auf ihrem Leib sehen kann, wovon sie viel Schmerzen empfinden.

Sobald sie anheben, ihm zu folgen, gewinnt es das Ansehen, als ob sie ihre vorige Gestalt ablegten und in Wölfe verwandelt würden. Da kommen ihrer ein paar Tausende zusammen: der Führer, mit der eisernen Geißel in der Hand, geht voran. Wenn sie nun aufs Feld geführt sind, fallen sie das Vieh grausam an und zerreißen, was sie nur ergreifen können, womit sie großen Schaden tun. Doch Menschen zu verletzen, ist ihnen nicht vergönnt. Kommen sie an ein Wasser, so schlägt der Führer mit seiner Rute oder Geißel hinein und teilt es voneinander, so dass sie trockenes Fußes übergehen können. Sind zwölf Tage verflossen, so legen sie die Werwolfs-Gestalt ab und werden wieder zu Menschen.

Von allem, was die Menschen erfunden und ausgedacht, bei sich gehegt und einander überliefert, was sie im Verein mit der in sie gelegten und geschaffnen Natur hervorgebracht haben, scheint die Sprache das größte, edelste und unentbehrlichste Besitztum. Unmittelbar aus dem menschlichen Denken emporgestiegen, sich ihm anschmiegend, mit ihm Schritt haltend, ist sie allgemeines Gut und Erbe geworden aller Menschen, das sich keinem versagt, dessen sie gleich der Luft zum Atmen nicht entraten könnten [...].

Jacob Grimm, Über den Ursprung der Sprache

Von Christkindern und Sterntalern

Eine junge Königstochter hieß Schneeblume, weil sie weiß, wie der Schnee war, und im Winter geboren.

Schneeblume

Ein kleines Christkind

Am 11. Dezember 1825 erblickte die kleine Agnes Hassenpflug das Licht der Welt. Jacobs und Wilhelms Schwester Lotte durfte also ein kleines Christkind in den Armen halten, das am ersten Weihnachtstag getauft wurde, wie der stolze Onkel Wilhelm in seinen Briefen berichtet. Die kleine Agnes sollte allerdings keine vier Jahre alt werden. Sie starb im Oktober 1829. Unter verschiedenen Aphorismen, die Jacob 1846 notierte, findet sich der folgende: »Das liebste Kind holt Gott am ersten.«

Kassel, 27. Dezember 1825

Liebster Freund, in dem Augenblick, wo ich Ihren liebreichen und herzlichen Brief gelesen habe, setze ich mich zur Beantwortung desselben nieder. Als ich das kleine Zettelchen in den *Clodius*ischen Brief einschob, war es mein fester Plan, in den nächsten Wochen zu Ihnen zu kommen, meine Frau, die etwas früher abreisen u. eine an dem Wege dorthin wohnende Freundin zuvor besuchen wollte, hätte ich dann mitgenommen, aber ein Plan gelingt mir niemals. Gleich konnte ich nicht reisen, weil ich in den Händen des Druckers war u. von Leipzig aus Korrekturbogen erhielt, die kein Mensch korrigieren konnte, als ich, selbst mein Bruder nicht. Damit verzögerte es sich länger, als ich dachte und noch ehe ich zu Ende kam, entwickelte sich bei mir ein heftiger Husten, in den ich mich, da ich seit 5 Jahren keinen gehabt nicht recht zu finden wusste, den ich anfänglich vernachlässigte, der endlich ein wenig bösartig zu werden drohte und mich 5 Wochen zu Hause hielt. Erst vor kurzem bin ich wieder ausgegangen u. bin von dem Übel völlig erlöst, nun erlaubte mir die Sorge um meine *Schwester* nicht, mit leichtem Herzen Kassel zu verlassen, sie war äußerst kränklich u. ihre bevorstehende Niederkunft machte ihren Zustand noch bedenklicher. Gott hat gütig u. gnädig geholfen, das Übel wich auf einmal u. ihre Niederkunft war so glücklich, wie nur immer zu wünschen, u. ihr Wohlsein dauert fort. Am 1. Christtage ist das Kind getauft worden, ein Mädchen, das mich mit seinem stillen Gesichtchen u. feinen zugeschlossenen Mund, wegen der Ähnlichkeit mit der seel. Mutter sehr rührte. Noch halten mich ein paar notwendige Geschäfte hier, so gern ich in unsern beiderseitigen Ferien gereist wäre, aber in der Mitte Januars denke ich, ohne mir einen Plan zu machen, frei zu sein, aber ich überrasche Sie nun nicht, sondern schreibe vorher, wann ich komme. [...] Nun leben Sie wohl, liebster Freund, ich sage wieder einmal auf Wiedersehen; feinen Beobachtungen zum Trotz, welche behaupten, ein verheirateter Mann verändre sich notwendig und werde ein ganz anderer, habe ich mich, wie es mir scheint u. auch andere sagen, gar nicht verändert, ich sage das ganz demütig, denn ich hätte bei der Gelegenheit zu einigen Tugenden kommen können, aber mich erfreute in dem Augenblick der Gedanke, dass Sie mich alle noch sehr gut kennen werden, wenn ich erscheine und mich mit all der Freundschaft u. Liebe aufnehmen, an die mein Herz niemals ohne Rührung und Dankbarkeit gedenkt. Ich drücke Ihnen die Hand beim Torschluss u. wenn sich die Pforte des neuen Jahrs öffnet, so möge die Sonne mit ihrem reinen u. unsterblichen Licht entgegen leuchten u. die Mehrzahl Ihrer Tage erleuchten.

W. Gr.

Kassel, 5. Januar 1826

[...] Als Sie den Brief schrieben, liebe A., wussten Sie noch nicht, dass Sie hier zu Gevatter stehen sollten und dass ich von einem Tag zum andern dachte, heute kommt die A. und am 1. Christtag, wo die Taufe war, hatte ich noch bis zu dem Morgen Hoffnung. Als das arme, unbehilfliche, weißgeputzte Kindchen von einer Patin zur andern gereicht wurde, so dachte ich, jetzt nähme es auch die gute A. auf die Arme. Es war in der ganzen Zeit still und artig und hernach noch hielt es den kleinen Mund fest zusammen und hatte einige Züge von der seligen Mutter.

[...]

Die Sterntaler

Das Märchen vom armen Mädchen, das selbst so gut wie nichts besitzt und doch den anderen sein letztes Hemdlein gibt, wurde zum Inbegriff der Selbstlosigkeit. Auf wen es allerdings zurückgeht, ist nicht gesichert. Die Brüder könnten in ihrer Kindheit in Steinau die Geschichte von der »Frau Gottschalkin« erzählt bekommen haben, die wiederum von einer Erzählung von Jean Paul (1763–1825) beeinflusst worden sein dürfte. Herman Grimm (1828–1901), der Sohn von Wilhelm und Dortchen, behauptete hingegen, seine Mutter habe die Geschichte zum Märchenschatz beigetragen.

Es war einmal ein kleines Mädchen, dem war Vater und Mutter gestorben, und es war so arm, dass es kein Kämmerchen mehr hatte, darin zu wohnen, und kein Bettchen mehr, darin zu schlafen, und endlich gar nichts mehr als die Kleider auf dem Leib und ein Stückchen Brot in der Hand, das ihm ein mitleidiges Herz geschenkt hatte. Es war aber gut und fromm. Und weil es so von aller Welt verlassen war, ging es im Vertrauen auf den lieben Gott hinaus ins Feld. Da begegnete ihm ein armer Mann, der sprach: »Ach, gib mir etwas zu essen, ich bin so hungerig.« Es reichte ihm das ganze Stückchen Brot und sagte: »Gott segne dir's«, und ging weiter. Da kam ein Kind, das jammerte und sprach: »Es friert mich so an meinem Kopfe, schenk mir etwas, womit ich ihn bedecken kann.« Da tat es seine Mütze ab und gab sie ihm. Und als es noch eine Weile gegangen war, kam wieder ein Kind und hatte kein Leibchen an und fror: Da gab es ihm seins: Und noch weiter, da bat eins um ein Röcklein, das gab es auch von sich hin. Endlich gelangte es in einen Wald, und es war schon dunkel geworden, da kam noch eins und bat um ein Hemdlein, und das fromme Mädchen dachte: »Es ist dunkle Nacht, da sieht dich niemand, du kannst wohl dein Hemd weggeben«, und zog das Hemd ab und gab es auch noch hin. Und wie es so stand und gar nichts mehr hatte, fielen auf einmal die Sterne vom Himmel, und waren lauter harte blanke Taler: Und ob es gleich sein Hemdlein weggegeben, so hatte es ein neues an und das war vom allerfeinsten Linnen. Da sammelte es sich die Taler hinein und war reich für sein Lebtag.

Der goldene Schlüssel

Seit der Erstauflage bildet das winterliche Märchen »Der goldene Schlüssel« den Schluss der »Kinder- und Hausmärchen« – und das nicht ohne Grund, denn mit dem kurzen Märchen wollten die Brüder die Leserinnen und Leser mit einer besonderen Botschaft entlassen: Die Bedeutung eines Märchens lässt sich nicht eindeutig festlegen, sondern bleibt immer offen. Unerschöpflich ist das Geheimnis des Märchenschatzes.

Zur Winterszeit, als einmal ein tiefer Schnee lag, musste ein armer Junge hinausgehen und Holz auf einem Schlitten holen. Wie er es nun zusammengesucht und aufgeladen hatte, wollte er, weil er so erfroren war, noch nicht nach Haus gehen, sondern erst Feuer anmachen und sich ein bisschen wärmen. Da scharrte er den Schnee weg, und wie er so den Erdboden aufräumte, fand er einen kleinen goldenen Schlüssel. Nun glaubte er, wo der Schlüssel wäre, müsste auch das Schloss dazu sein, grub in der Erde und fand ein eisernes Kästchen. »Wenn der Schlüssel nur passt!«, dachte er, »es sind gewiss kostbare Sachen in dem Kästchen.« Er suchte, aber es war kein Schlüsselloch da, endlich entdeckte er eins, aber so klein, dass man es kaum sehen konnte. Er probierte und der Schlüssel passte glücklich. Da drehte er einmal herum, und nun müssen wir warten, bis er vollends aufgeschlossen und den Deckel aufgemacht hat, dann werden wir erfahren, was für wunderbare Sachen in dem Kästchen lagen.

Verzeichnis der Texte und Druckvorlagen

Die Texte der vorliegenden Ausgabe folgen – unter behutsamer Angleichung an die neue Rechtschreibung – den hier verzeichneten Editionen; in den Textnachweisen werden sie jeweils mit den angegebenen Titelsiglen abgekürzt zitiert.

DS Brüder Grimm: Deutsche Sagen. Bd. 1. Berlin: Nicolaische Buchhandlung, 1816.

DSM Brüder Grimm: Die schönsten Märchen. Stuttgart: Reclam, 2021.

FB Brüder Grimm: Freundesbriefe. Hrsg. und mit Anm. von Alexander Reifferscheid. Heilbronn: Gebrüder Henninger, 1878.

KHM Brüder Grimm: Kinder- und Hausmärchen. Ausg. letzter Hand. Hrsg. von Heinz Rölleke. Stuttgart: Reclam, 2010.

KS Die Schriften der Brüder Grimm in einer Auswahl für das deutsche Volk. Aus den kleineren Schriften von Jacob Grimm. Berlin: Meyer & Jessen, 1911.

MEG Jacob Grimm: Gedanken über Mythos, Epos und Geschichte. Mit altdeutschen Beyspielen. Wien: Camesinasche Buchhandlung, 1813.

PAB Brüder Grimm: Private und amtliche Beziehungen zu Hessen. Eine Sammlung von Briefen und Actenstücken als Festschrift zum hundertsten Geburtstag Wilhelm Grimms. Zusammengestellt und erl. von Edmund Stengel. Bd. I: Briefe der Brüder Grimm an hessische Freunde. Marbug: N. G. Elwertsche Verlagsbuchhandlung, 1886.

UB Brüder Grimm: Unbekannte Briefe. Hrsg. von Wilhelm Schoof. Bonn: Athenäum, 1960.

Weihnachten mit den Brüdern Grimm

9 PAB 161 f.

Winterzeit ist Märchenzeit

11 DS V | 13 DSM 362–369 | 22 DSM 165 | 23 DSM 94–97 | 28 FB 115 | 29 PAB 143–145 | 31 DSM 86–94 | 41 UB 191–205

Wünsche und gute Gaben

51 PAB 345 | 53 KHM 207–209 | 56 PAB 215–221 | 57 DSM 55–58 | 62 FB 111–150

Weihnachtliche Sagenwelt

65 MEG 53 | 67 DS 174–176 | 70 DS VII | 71 DS 9 f., 8 f. | 74 DS 291 f., 144, 296 f. | 77 KS 296

Von Christkindern und Sterntalern

79 KHM 469 | 81 PAB 239–241 | 83 FB 111 f. | 84 DSM 357 f. | 86 DSM 453 f.